HAI LUN KAI LE

海伦·凯勒的故事

王艳娥 ◎ 主编

榜样的力量

榜样的力量是无穷的，好的榜样能给我们积极的思想、正确的行为、良好的习惯、完善的人格。树立了榜样就等于找到了自己前行的方向。

榜样是无比强大的力量源泉。

假如给我三天光明

Story of My Life

海伦·凯勒自传

北方妇女儿童出版社

图书在版编目（ＣＩＰ）数据

海伦·凯勒的故事/王艳娥编著.－－长春：北方
妇女儿童出版社，2010.1（2021.1重印）
（榜样的力量）
ISBN 978-7-5385-4332-2

Ⅰ.①海… Ⅱ.①王… Ⅲ.①凯勒，
H.（1880～1968）－生平事迹－少年读物 Ⅳ.①K837.127=533

中国版本图书馆CIP数据核字(2010)第005351号

海伦·凯勒的故事

HAILUN·KAILE DE GUSHI

出 版 人：刘 刚

责任编辑：张 力 刘聪聪 于 潇

开 本：650mm×960mm 1/16

印 张：12

字 数：128千字

版 次：2010年1月第1版

印 次：2021年1月第6次印刷

印 刷：三河市三佳印刷装订有限公司

出 版：北方妇女儿童出版社

发 行：北方妇女儿童出版社

地 址：长春市福祉大路5788号

电 话：总编办：0431-81629600

定 价：33.80元

序言

"江山代有才人出"，在人类历史的长河中，涌现出一大批影响世界的风云人物。他们或者是杰出的政治家，凭着超乎常人的坚强毅力为国家和民族的前途引路；或者是卓越的科学家，为探索自然奥秘、改善人类生活而不懈努力……总之，他们由于在某一方面做出了杰出的贡献，已成为历史长河中的航标，引领着人类走向更加深邃的精神世界和更加精彩的物质世界。

这套丛书不仅告诉你名人成功的事实，更重要的是展示他们奋斗的历程，展现他们在失败和挫折中所表现出的杰出品质，从中我们可以吸取一些有益的精神元素。

这套丛书具有以下几个特点：

一是人物全面。本套丛书精心选取了从古至今全世界40位具有代表性的政治家、科学家、文学家、艺术家……这些人物均在各自的领域做出了卓越的贡献，对人类历史产生了重大影响，因此被广为传颂。

二是角度新颖。本套丛书不是简单地堆砌名人的材料，而是选取他们富有代表性或趣味性的故事，以点带面，从而折射出他们波澜壮阔、充满传奇的人生和多姿多彩、各具特点的个性。

三是篇幅适当。每篇传记约10万字，保证轻松阅读。本套丛书线索清晰、语言简洁、可读性强，用作学生的课外读物十分理想，不会加重他们的负担。

四是一书多用。本丛书是一部精彩的名人故事集锦，能够极大地开阔青少年的视野，同时还可以作为中小学生的写作素材库。

培根说："用名人的事例激励孩子，胜过一切教育。"榜样的力量是无穷的，而名人是最好的榜样，向名人看齐，你将离成功更近！

人物导读

　　她是一个聋盲人，却做到了很多正常人都无法完成的事：她取得了执世界教育牛耳的哈佛大学的学士学位；她的著作在世界每一个角落流传；她访问了欧美亚非三十多个国家，每到一个国家，都受到了人们空前的尊敬与礼拜。她与拿破仑并称，爱迪生、马克吐温、贝尔博士等都是她的朋友，俄国的皇帝、日本的皇后见到她都十分赞佩。她的影响超过了拿破仑，拿破仑用武力征服欧洲，她用精神折服世界。

　　这就是海伦·凯勒。她出生不到两年，就丧失了视力与听力，她生活在不折不扣的黑暗与寂静中。如果说她的世界充满了阴郁与哀伤，凄凉与绝望，我们每个人都可能提出反对的理由。然而，她不仅用奋斗让自己的天空充满色彩，而且努力用爱心去点亮别人的天空。她的一生，都在孜孜不倦地呼吁人们关注盲人，为盲人的生活提供便利。

　　她的伟大之处不在于为人类贡献了不朽的著作，也不在于慈悲悯怀之心，而是她的斗志，她用自己的一生坚韧卓绝的奋斗鲜明地诠释了什么叫"命运掌握在自己手中"。人这一生，总有些事情不属于自己把握，是随波逐流，还是逆势而起；是听凭摆布，还是奋力抗争。海伦用她的行动做出了有力地回答。人类的伟大就在于这种不灭的精神。

　　说到海伦·凯勒，我们不能不提到沙莉文老师，没有这位意志坚强、充满爱心的老师的帮助，海伦不可能取得辉煌的成绩。对于人类而言，爱与勇气便是我们同上帝谈判的重要筹码。

CONTENTS 目录

CONTENTS

第一章

懵懂时期

- ◆ 家世
- ◆ 短暂的幸福
- ◆ 厄运
- ◆ 关爱
- ◆ 脾气变坏

家世

　　在美国亚拉巴马州北部有一个小城叫土斯坎比亚。在这个偏远而又美丽的小城里，有一幢古朴的老宅。老宅四周绿树掩映、花鸟成群。春天到来的时候，这里有初放的紫罗兰和百合花、蔓生的铁线莲、垂悬的素馨以及稀有的蝴蝶百合，青青的绿藤爬满了院子里的凉亭，门廊上垂下彩带般绚丽的攀缘蔷薇，使得老宅有着童话般的古典和诗意，真是美不胜收。当地人亲切地把这里称为"绿色家园"。按照当时美国南方人居住的习惯，他们喜欢在自己的家宅旁再加盖一间屋子。这间屋子有一个四方的大房间和一个小房间，主人住在大房间里，仆人住在小房间里。房子爬满了青藤、攀缘蔷薇和忍冬，从花园望去像一个凉亭。房子周围的树木及围栏都爬满了美丽的常春藤，他们便把这里称为"绿色家园"里的"常春藤园"。

　　1880年6月27日，海伦·凯勒就出生在这个美丽的地方。"绿色家园"是海伦祖父母居住的地方，也是海伦童年生活的乐园。"常春藤园"则是海伦的家。

　　海伦的父亲亚瑟·凯勒，出身于美国南方的一个地位显赫的家族。他曾经在美国南北战争中为南方联盟而战，因功勋卓著而升为南军上校。战争结束之后，亚瑟·凯勒成为当地有名的报纸《北亚拉巴马人报》的老板和主编。在妻子去世之后，他娶了海伦的母亲凯蒂·亚当斯，她比海伦的父亲小20多岁，是田纳西州孟菲斯市有名的大美人。虽然两个人

的年龄差距很大，但郎才女貌，两个人的感情非常好。

父亲的先辈卡斯珀·凯勒是瑞士人，后来移民到马里兰州。巧合的是，海伦·凯勒的一个瑞士先辈曾是苏黎世第一位教盲人的老师，而且他还写过一本关于教育盲人的书。

海伦·凯勒的祖父就是卡斯珀·凯勒的儿子，正是他对亚拉巴马州大片的公地"提出了所有权要求"，最后定居下来。祖父刚来的时候，美国还处于拓荒时代，土斯坎比亚这样的小地方更是荒凉无比。由于地处偏僻，每年祖父都要骑马从土斯坎比亚到760英里外的费城去购置种植园所需的物品。那时候，沿途很乱，每次出门，他都会给家人写许多信，向家人报告平安，除此之外，他还生动有趣地描述西部沿途的景观以及旅途中所遭遇的人、事、物。这些信被海伦的姑姑保留下来，成为后来海伦一家喜欢反复翻看的家书。

海伦祖母的父亲亚历山大·摩尔是曾在法国政坛叱咤风云近半个世纪的拉斐（fěi）德侯爵（jué）的副官之一，她的外祖父亚历山大·斯波茨伍德是弗吉尼亚早期的殖民总督，此外，她和美国内战时期南方的著名统帅罗伯特·李还

◎欧洲封建时期的爵位分为五等，分别是公爵、侯爵、伯爵、子爵和男爵。爵位由家族长子继承，如果长子去世就由次子继承，若无次子就由长女继承。

是表亲。

海伦母亲的祖父本杰明·亚当斯娶了苏珊娜·古德休，在马萨诸塞州的纽伯里居住了许多年。他们的儿子查尔斯·亚当斯出生在马萨诸塞州的纽伯里伯特，后来搬到阿肯色州的赫勒纳。内战爆发后，他成为南方的准将，之后他和露西·海伦·艾弗雷特结婚。而露西和美国著名的政治家、马萨诸塞州州长、哈佛大学校长、美国国务卿爱德华·艾弗（fú）雷特以及著名的基督教神学家艾雷特·黑尔属于同一个家族。内战结束之后，查尔斯·亚当斯一家迁居田纳西州的孟菲斯市。

出生在这样一个历史辉煌而又环境优美的家庭中，我们可以想象海伦将会过上怎样一种幸福的生活。

❋ 短暂的幸福 ❋

海伦父亲的前妻为他留下的两个孩子都是男孩，他非常希望妻子能为他生个女儿。所以海伦的到来对父亲简直就是一个天大的喜讯，他决定用其最尊敬的祖先"米尔德里德·坎贝尔"为这个孩子命名，但母亲则非常希望用自己最爱的母亲"海伦·艾弗雷特"做她的名字。单是为了给海伦起名字，一家人便绞尽脑汁、费尽口舌。讨论再三，最后决

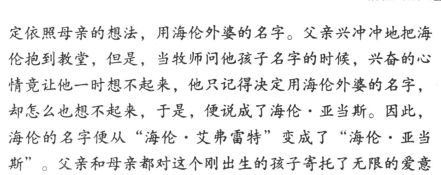

定依照母亲的想法，用海伦外婆的名字。父亲兴冲冲地把海伦抱到教堂，但是，当牧师问他孩子名字的时候，兴奋的心情竟让他一时想不起来，他只记得决定用海伦外婆的名字，却怎么也想不起来，于是，便说成了海伦·亚当斯。因此，海伦的名字便从"海伦·艾弗雷特"变成了"海伦·亚当斯"。父亲和母亲都对这个刚出生的孩子寄托了无限的爱意与希望。

刚刚出生的海伦，红扑扑的小脸，一双漂亮的蓝眼睛，好奇地看着这个陌生的世界，非常惹人喜欢。每当有人在她身边的时候，她就会手舞足蹈地挥动自己的小手，脸上还挂着浅浅的微笑。连家里的仆人都对这个活泼可爱的孩子赞不绝口。

在海伦6个月大的时候，她就会发出"你好"的声音，一岁以前，小海伦甚至已经能发出像"水"这样复杂的声音。她对任何事物都充满了好奇心，常常盯着一样东西看个没完，那种聚精会神的样子好像是问：为什么会是这样的呢？母亲每天给她讲各种童话故事，一次，母亲刚翻开书，海伦看到上面的一只小兔子，便把两只手放到头上做出小兔子的样子。这让母亲心花怒放，抱起她亲了又亲。

刚满周岁，海伦就学会了走路。生日那天，母亲把她抱出澡盆，放在膝上。她看见树的影子在光滑的地板上一闪一闪，便独自滑下膝盖，一步一步、前摇后晃地跑着上前去踩踏那些神奇的影子，结果跌倒在地，大哭不止，引得一家人哈哈大笑。小海伦精力充沛，总是动个不停。每天父亲下班回来，她总是第一个颤悠悠地跑上前去迎接父亲。

渐渐地海伦长大了，她越来越喜欢到外边去玩。在漂亮的园子里追逐艳丽的蝴蝶，和母亲在巨大的黄杨树下玩捉迷藏的游戏，这些都成为她最喜欢的。天气好的时候，父亲就会带着她到院子外面去，绿绿的田野、鲜艳的花朵、清清的河水、悦耳的鸟鸣，这一切总会让小海伦目不暇接、手舞足蹈。

　　海伦后来在她的自传《假如给我三天光明》里这样写道："那些快乐的日子总是走得太快，短暂的春光里充满了知更鸟和模仿鸟的婉转歌声；夏天果实累累，蔷薇盛开；到了秋天，风吹百草黄，霜染枫叶红。这些美好的季节在一个蹒跚（pán shān）学步、咿呀学语的孩子心中留下了最美好的回忆。"那些光明与快乐的时光，在许多年后，依然令海伦无比眷恋与向往。对光明的渴求影响了她的一生。

厄运

　　然而，这样幸福的日子却是如此短暂！一个回荡着知更鸟鸣的春天，一个飘着蔷薇芳香的夏季，一个挥洒金黄深红的秋季，这一切的美好和温暖都被定格在了那个阴郁的二月。那天海伦突然患病，高烧不退。一家人急得团团转，想尽了各种办法，还是没能退烧，最后医生诊断是急性胃充血和脑充血，已无药可救。这样的消息，无疑像一次宣判，把全家人推进了痛苦的深渊。

　　可是，第二天，当海伦清晨醒来时，高烧莫名其妙地退了，就像来的时候一样莫名其妙。虽然医生也是一脸的惊

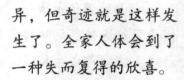

◎脑充血：在医学上称为脑溢血。脑溢血是中老年人的多发病，它是因血压突然升高，致使脑内微血管破裂而引起的出血。如果延误送治可能造成全身麻痹、半身不遂、持续昏睡和痴呆症甚至死亡。

异，但奇迹就是这样发生了。全家人体会到了一种失而复得的欣喜。

但是他们却不知道，此时的海伦再也看不见园子里的花红柳绿，再也听不见枝头那悦耳的鸟鸣。海伦那双漂亮的蓝眼睛布满了红红的血丝，而且变得越来越干燥。起初，家里人以为这只不过是病发的后遗症，可渐渐地，他们发现海伦对曾经那么喜爱的光亮越来越排斥，对家人的召唤也变得越来越麻木时，才终于意识到问题的严重性。海伦变成了一个又盲又聋又哑的孩子！

家里再次愁云密布，年仅23岁的母亲，面对着突如其来的打击，伤心得难以自拔。她每天坐在床前，拉着海伦的手，以无限的温柔和耐心照顾着她。父亲不仅每天要劝慰年轻的母亲，而且还怀着最后一丝希望，到处求医问药，希望能让只有19个月大的小海伦再次看见光明。他多么希望奇迹再一次发生啊！可是，奇迹没有发生，他们从死神的手中夺回了海伦，却再也没有办法带她逃离这场灾难。

很多年后，海伦仍能够依稀记得那场病，尤其是母亲在她高烧不退、昏沉沉痛苦难耐的时候，温柔地抚慰她，让她在恐惧中勇敢地度过。也还记得在高烧退后，眼睛因为干枯炽（chì）热、疼痛怕光，必须避开自己以前所喜爱的阳光，海伦面向着墙壁，或让自己在墙角蜷伏着。后来，视力一天不如一天，对阳光的感觉也渐渐地模糊不清了。

我们不知道，当有一天海伦睁开眼睛，发现自己竟然什么也看不见，眼前一片黑暗时，那是怎样的恐惧与惊慌，我们不可能领会与感受到她内心的痛苦与惨淡。但是，从下面这些文字中，我们依然能感受一个19个月大的孩子当时的惊惧："我像被噩梦吓倒一样，全身惊恐，悲伤极了，那种感觉让我今生永远难以忘怀。

19个月大的海伦从此陷入了无边的死寂和黑暗中。她再也看不见他们的"绿色家园"，再也听不见门前的鸟鸣啁啾。但是，这19个月的光明却给海伦留下了一生光明的回忆，她曾经在自传里这样描述："在我生命的头19个月里，我瞥见过宽阔的绿色田野、光亮的天空、树木和花朵，这些是后来的黑暗不可能完全抹掉的。"

关爱

无助的人总是盼着时间会冲淡过去的一切，但有些事情时间越久记忆就越发深刻。生活还在继续，海伦将怎样在黑暗中度过那原本五彩缤纷的童年呢？

生病后的几个月，海伦每天或是坐在母亲的怀里，或是紧拉着母亲的裙摆，跟着她忙里忙外，渐渐地她有了与人交流的渴望，开始用手去摸索各种东西，分辨它们的用途。她开始做一些简单的动作，表达自己的意图。摇摇头表示"不"，点点头表示"是"，把别人拉到自己身边表示"来"，推表示"去"。想要面包的时候，她就模仿切片和

抹奶油的动作；如果希望母亲晚餐做冰激凌，她就会做出操作冰激凌机的动作然后打哆嗦，表示冷。每当看到聪明的海伦做这些动作时，母亲感到既揪心又安慰，于是便竭尽所能地重复做出各种动作，让海伦了解自己的意思。长时间地交流和磨合，使得母女俩有了非同寻常的默契，无论什么时候，母亲让海伦去拿东西，她总会迅速找到母亲示意的地方拿给她。母亲的智慧和慈爱成为了海伦漫长黑夜里最为珍贵的光明和美好。

海伦对父亲最初的记忆是与报纸有关的。因为她摸索到父亲常常一个人坐在沙发上举着一张大纸，这让海伦很是奇怪了一阵。为了弄清楚父亲到底在干什么，她曾多次学父亲的样子，甚至把他的眼镜都戴上了，以为这样就能解开这个谜团。但是，好多年她都没弄清楚这个秘密。直到后来，她才知道那张大纸就是报纸，而父亲就是那家报社的编辑。

海伦的父亲宽容慈爱，十分顾家。除了打猎的季节，他会一直待在家里。他是远近闻名的神枪手，家人之外，狗和枪是他最爱的东西了。他非常好客，每次回家都少不了带一些朋友。父亲的大园子也一直是他引以为豪的地方，因为他种植的西瓜和草莓是当地最好的。他总是把最好的西瓜、草莓，最先成熟的葡萄留给海伦。他还经常带着海伦从一棵树走到另一棵树、从一株葡萄走到另一株。这让海伦对自然界、对生命产生了极大的热情。慢慢地，聪明的海伦学会了很多生活上的事。5岁的时候，她就学会了把洗好的衣服叠好，把洗衣店送回来的衣服分类，并能摸出哪几件是自己的。客人来的时候，她知道该怎样出去见面，客人走的时

候，她也知道应该挥手告别。此外，她还能从母亲和姑母的梳洗打扮声上判断出她们要否出门；如果是要出门，她便会要求她们带着她。

从门的启闭，她也知道是不是有客人来了。有一次，她听见门响，知道家里来了客人，于是便急匆匆跑到楼上，学着母亲的样子涂脂抹粉，把一块大大的面纱用发夹固定在头上，遮住自己的小脸。之后，她又把一条肥大的裙子穿在身上。如此装扮，便下楼帮着接待客人了。这成为后来一家人常常会提起的笑谈。

在海伦黑暗的童年生活里，厨娘的女儿、黑人小姑娘玛莎·华盛顿和曾经英勇威猛、风光无限的老猎犬贝尔成了她形影不离的好伙伴，是她们让她无光无色无声的童年留下了许多美好的回忆。

玛莎·华盛顿比海伦大两三岁，是个善解人意的好姑娘。她与海伦有着一种天生的默契，总能明白海伦的示意动作。她们最喜欢的事情就是到草丛里摸珍珠鸡蛋。每次只要海伦把手攥在一起放在地上，玛莎就会明白她的意思，随即便跟她一起跑出去。珍珠鸡的窝一般藏在荒僻的草丛里，并不是那么容易就能找到。但是，偶尔找到一次，海伦也不会让玛莎把蛋带回家。她总是用有力的手势向玛莎示意，玛莎就会明白这是告诉她：带回去的话，在路上可能会摔跤，把蛋打破。于是她就会小心地把它们放回原处。而下次来的时候，就会先到这个地方看看它们还在不在。

厨房也是她们常常光顾的地方。揉面球、做冰激凌、磨咖啡粉、做蛋糕，样样都少不了她们的参与。她们还常常给在厨房台阶上打转的母鸡和火鸡喂食。有些鸡非常温顺，从她们手里吃东西，就会让她们顺手摸一下它们柔软的羽毛，但是，有的鸡脾气就没那么好。有一次，一只很大的火鸡抢了她们的西红柿就跑掉了。这让她们很是生气，但也给了她们很大的启发，原来抢东西吃也很有意思啊！她们悄悄地溜进厨房，发现一块刚刚撒好糖霜的蛋糕。海伦抓起蛋糕就跑，玛莎紧随其后。她们跑到门外柴堆上，把蛋糕吃的干干净净，心里格外的满足，仿佛这块蛋糕是她们吃过的最好吃的东西。

但是，没过多久，两人就开始肚子痛，后来一连好几天都不舒服。原来，蛋糕是还没有加工好的。妈妈知道这件事之后，批评了她，告诉她随便拿东西吃是不对的，身体也会不舒服。海伦知道自己错了，但心里还是一阵嘀咕：那个大火鸡抢了我的东西，怎么没有肚子痛呢？

储存玉米的棚子，养马的马厩，一早一晚挤牛奶的院子，都曾给她们带来无限的乐趣。每次挤牛奶的时候，海伦总是缠着挤牛奶的人让她摸摸那巨大的奶牛。他们虽然知道危险，但禁不住她的软磨硬泡，就会把她抱上去。为了自己的好奇，海伦常常遭到奶牛尾巴的狠抽，但她还是乐此不疲。

最让她们高兴的还要算过圣诞节的时候了，她们对圣诞节的仪式并不感兴趣，但一家人忙里忙外，还有很多好吃的东西，这让海伦和玛莎兴奋不已。但就是这么多好吃的小零碎也没能让两个小家伙安静下来。她们来来回回、进进出出，显得碍手碍脚的。于是，家里人就让她们帮着磨香料，挑选葡萄干。这给她们增添了无限的乐趣。看着乖乖听话的

她们，厨娘偶尔会让她们舔一下搅拌糖浆用的勺子，这让她们很是得意。

当然，这俩小家伙也不总是那么听话。有一年夏天，两个小孩坐在门前游廊的台阶上，玩剪纸娃娃的游戏。玩了没多长时间，她们就厌倦了。在把自己的鞋带和身边够得着的忍冬叶子剪完之后，小海伦眉头一皱，计上心来。她想起了小玛莎那头毛绒绒的头发，于是就追着她开始剪。起初，玛莎不同意，但几剪子下来，她也就不再反抗了。为了公平，海伦也同意让玛莎剪自己的。要不是海伦妈妈发现了台阶上的这两个小孩子，海伦的头发估计会被玛莎剪个精光。

海伦的另一个好伙伴就是老狗贝尔。贝尔很懒，而且很怕冷，平时就喜欢趴在火炉前睡觉。但海伦和玛莎出去玩的时候，贝尔倒是很乐意跟在后面。这时候，海伦就会很认真地教它学手语，但是，贝尔好像一点都不感兴趣。但有的时候贝尔也会一反常态地突然惊起，浑身僵直，激动得全身发抖。海伦不知道这是为什么，

只知道贝尔没有听从自己的指挥，于是，便一顿拳打脚踢，但贝尔并不跟她计较，站起来，伸个懒腰，慢悠悠地换个地方趴下。海伦就会又失望又厌烦地拉着玛莎到别的地方玩去了。后来，海伦才知道，贝尔之所以那样激动是它发现猎物时的表现，它曾经可是英勇威猛、风光无限的猎犬啊！

脾气变坏

随着年龄的增长，海伦越来越强烈地意识到自己跟别的孩子不一样。别人说话的时候，好奇的她总喜欢伸手去摸别人的嘴。渐渐地，她发现别人交流是用嘴，而不是用动作示意。她不明白这是为什么，便学着拼命地张嘴，发疯般地做手势，但没有人能明白她的意思。这让她更为狂躁，气得又踢又闹，直到精疲力竭。她还经常为一点小事无理取闹，身边的保姆艾拉经常被她踢伤。事情过去之后，她虽然心里有些后悔，知道这样会很疼，但每当遇到不顺心的事情或是心情不好的时候，她还是控制不住自己，故伎（jì）重演。

海伦不能理解别人，家里人也不知道该怎样与她交流，只是尽可能地顺从满足她。这让海伦变得越来越急躁任性。有一次，海伦不小心把围裙弄湿了，家人便把围裙放在暖炉上烘干，但急性子的她，发现围裙那么久都没干，便把它直接放到了带火星的炉灰上。火苗一下就蹿了起来，烧着了围裙，连海伦身上的衣服也点着了。这可让海伦慌了手脚，吓得大哭大叫起来。幸好老保姆温尼听见，急忙拿一块大毯子往海伦身上一裹，将火扑灭。虽然差一点把海伦憋死，但火总算扑灭了。除了手和头发，其他地方烧得还不算严重。

就在这段时间，海伦发现了钥匙的妙用，一时间钥匙又成为她恶作剧的主要道具。一天早晨她发现母亲进了储藏室，便紧随其后，将母亲反锁在里面。忙碌的母亲在里面拍门大叫，海伦却坐在门外，感觉到里面震动的声音得意洋洋。母亲被关3个多小时之后才被发现。也就是这次之后，父亲觉得海伦需要认真管教了，决定给她请个老师。

当黑暗来临的时候，孩子的天性和童真让海伦有着天使的一面；但无声无色的黑暗隔绝也常常让她表现出恶魔的一面。海伦表达自己的愿望越来越强烈，不能够被别人了解的时候总会大发脾气。她还不懂得充满爱的话语和行动以及人与人之间的美好情谊。

很长一段时间里，海伦都把刚出生的妹妹当做一个可恶的坏人。曾几何时，妈妈的怀抱可是她温暖的源泉，无论开心还是难过，只要在妈妈的怀里，她都能感到很大的安慰，这里就是她的天堂。但是妹妹的到来，不但夺去了家里人对自己的关注，而且占据了母亲所有的关爱和时间。母亲已经很少把自己拥在怀里了，自己不再是母亲唯一的宝贝了，这让海伦心里充满了嫉妒。

海伦有一个布娃娃，叫南希。这是她最宠爱的伙伴了，她常常会把南希放在自己心爱的摇篮里，花上一个小时或是更多的时间来摇它，虽然发脾气的时候，它也不免备受虐待。但妹妹的到来，使得海伦对南希有了平日难得一见的呵护，每天像以前母亲照顾她那样给南希穿衣服、吃饭、睡觉，她似乎想以此来安慰自己的不安。可恰巧有一次，她发现小妹妹舒舒服服地睡在南希的摇篮里，这让她大为恼火，冲上去就把摇篮掀翻了，如果不是母亲及时接住，妹妹可能就被摔死了。

父母看见海伦这个样子又气又心疼，心里越发痛苦，但又不知道怎么办才好。土斯坎比亚是个偏远的小城，附近根本没有任何聋盲学院，而且似乎也没有人愿意到这样一个偏远的地方来教一个既聋又盲的孩子。事实上，很多人在怀疑能不能教会她。但妈妈还是抱着一线希望，这来自于狄更斯的《美国札记》。她读到过里面关于劳拉·布里奇曼的叙述，隐约记得劳拉是位聋盲人，然而她受到了教育，得到了很好的发展。当她得知发明这种教育方法的豪博士已经逝世很多年后，她苦恼极了，因为这意味着这个方法可能和他一起消亡了。可就算这个方法没有消亡，谁又愿意到这样偏远的地方来教育海伦呢？这让母亲痛苦而又绝望，但她还是没有放弃一切可以救治海伦的可能。

在海伦大约6岁的时候，父亲听说，在巴尔的摩有一位著名的眼科大夫，曾经治愈了很多看来毫无希望的盲人。这让他们看到了一线希望，于是，父母立即决定带海伦前往巴尔的摩，看看她的眼睛可不可以救。这是一次十分愉快的旅行！海伦高兴得忘乎所以。在火车上，她和许多人成了朋友。一位穿着典雅、待人和善的阿姨送给她一盒美丽的贝壳。父亲把它们串起来挂在海伦的胸前，这让海伦高兴了好一阵子。火车上的列车员态度也十分和蔼，每次检票或者查票的时候，海伦总是调皮地拉起他的衣角，而他也会耐心地陪海伦玩上一会，他还允许海伦玩他的打孔器，对于这样的特权，海伦真是兴奋不已，一个人蜷缩在角落里，在一些零星的纸片上打孔，一玩就是好几个小时。

姑姑还用毛巾给她做了个大娃娃，这个娃娃的脸上没有鼻子、嘴巴、耳朵、眼睛，简单得连想象力再丰富的人也无法把它变成一张脸。海伦抱着娃娃，玩了一会。便开始指手画脚地向大人描述些什么，这让大家很是奇怪。最后，她在座位底下翻出了姑姑的斗篷，扯下上面装饰用的两个大珠子，放到姑姑面前。姑姑询问地把珠子放到娃娃眼睛的位置上，她便拼命点头。她似乎对娃娃没有眼睛这一点格外在意。娃娃有了眼睛，海伦高兴得直拍手。在整个旅途中，海伦一次脾气也没有发，一直沉浸在旅途的新奇和兴奋中。看着活泼可爱的海伦如此高兴，父母对这次旅行充满了更多的期待，他们多么希望自己的孩子能够重见光明啊！兴奋不已的海伦根本体会不到父亲的忧虑和痛苦。

到达巴尔的摩，奇泽姆医生友好地接待了他们。他仔细检查了海伦的眼睛后，摇着头对海伦的父亲说："很抱歉，我实在是无能为力！"这让满怀希望千里迢迢赶来的父亲难以接受，他不断地央求医生再好好检查一下，但是，他热切的企盼也无法改变这样残酷的现实。看到如此伤心的父亲，奇泽姆医生安慰他说，海伦虽然是个盲聋儿童，但还是可以接受教育的，并建议他带海伦去华盛顿找亚历山大·格雷厄姆·贝尔博士咨询一下，他或许能够告诉他们一些关于盲聋儿童的学校和教师的信息。

贝尔博士就是赫赫有名的电话发明者，他出生在苏格兰

◎亚历山大·格雷厄姆·贝尔(1847—1922年)：发明了世界上第一台可用的电话机，被誉为"电话之父"。他还制造了助听器；改进了爱迪生发明的留声机；他对聋哑语的发明贡献甚大；他写的文章和小册子超过100篇。他组建的贝尔实验室至今仍在科学界赫赫有名。

的爱丁堡，家里世世代代都是从事聋哑人教育工作的。他的母亲和妻子都是聋人，父亲曾经是聋哑人教育的先驱，他发明了"可见语言"的语音教学系统，喉咙、舌头和嘴唇的发声部位，用构成这一系统的各种符号表示。聋人可参照这些符号来学习说话。受家庭熏陶，贝尔从小就对声学和语言学产生了很大的兴趣，长大后在爱丁堡大学和伦敦大学学习，对人类说话的生理学颇有研究。1873年他成为波士顿大学的声音生理学教授。继承父亲的研究，贝尔试图以可见的方式，将声音震动记录在一块用煤烟熏黑的玻璃片上，帮助聋人学生感受声音。电话的发明只不过是他这种语音研究过程中的一个附带品。父亲虽有些将信将疑，但还是不愿意放弃让海伦接受教育的希望。于是，根据奇泽姆医生的提示，他们赶到了华盛顿找贝尔博士。

初次见面，贝尔博士就喜欢上了这个活泼可爱的小姑娘。他把海伦抱在腿上，把自己的怀表给海伦玩耍，这样新奇的玩意令海伦简直是爱不释手。他还能看懂海伦的手势，一下子就明白海伦的意思。这让海伦感到无比的温暖。后来，海伦在自己的自传里曾经感叹道："虽然我只是个孩子，也立刻感觉到了贝尔博士的慈爱和同情，这使他得到了这么多人的热爱，正如他无比的成就赢得了人们

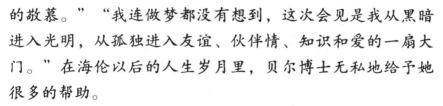

的敬慕。""我连做梦都没有想到，这次会见是我从黑暗进入光明，从孤独进入友谊、伙伴情、知识和爱的一扇大门。"在海伦以后的人生岁月里，贝尔博士无私地给予她很多的帮助。

在贝尔博士的帮助下，父亲给波士顿的博金斯学院的院长阿纳诺斯先生写了封信，问问他是否能为海伦找一位合适的启蒙教育老师。博金斯学院是当时非常有名的盲人教育学院，这里也是豪博士为盲人付出巨大努力的地方，而这个豪博士就是狄更斯在《美国札记》中提到的发现盲聋人教育方法，并且成功地教育了劳拉·布里奇曼的豪博士。几个星期之后，父亲收到了阿纳诺斯院长的回信，他保证为海伦找到一位老师。

几经周折，这位老师终于找到了，她的名字叫安妮·曼斯菲尔德·沙莉文。这让一家人看到了曙光，热切地盼望着她的到来。此时是1886年的夏天，第二年的3月份沙莉文小姐就将来到海伦的家。

第二章

安妮·沙莉文

病魔

"就这样，我走出了埃及，站到了西奈山前，强有力的神明触摸了我的心灵，给予了我视力，于是我看到了许多神奇的事物。从这座神圣的山上我听到了一个声音在说：'知识就是爱、光明和眼力'。"海伦曾经用这样的语言描述安妮·沙莉文老师的到来，安妮是海伦生命中除了父母之外最重要的人。

安妮·曼斯菲尔德·沙莉文，1866年4月14日出生在美国马萨诸塞州西部一个叫食禄岗的小村庄。她的父母是爱尔兰人，那年头，爱尔兰闹饥荒，有二十多年五谷不收，遍地荒芜。贫困的小佃农家只好把家里的东西一样一样地卖掉。卖田、卖地，卖到最后无立锥之地，穷得三餐不继，饥寒交迫。他们只剩下两条路：留下来等着饿死；或远离故乡，飘泊异地另谋生路。

◎爱尔兰大饥荒（1845—1851年）：是人类史上著名的悲剧，其原因主要是英国的殖民政策，直接原因是枯叶病让爱尔兰的主要食物马铃薯颗粒无收。结果，造成一百多万人死亡，二百五十万人移民。形成了空前规模的移民潮，现在欧美地区的爱尔兰人基本都是那些移民的后裔。

1860年，逃荒者像澎湃（pài）的海浪般涌进美洲新大陆。年初，沙莉文家族的托马斯和爱丽丝夫妇逃离故乡爱尔兰，移民到新大陆。托马斯务农，他带着妻子到马萨诸塞州的小农村——食禄岗落脚。他听说此地工作机会较多，容易糊口，并且很快在附

近农庄找到了打短工的工作。开始时沙莉文夫妇还感到孤单寂寞，不久后，爱尔兰人一批接一批，陆陆续续移民到该地。他们觉得此地虽然不是故乡爱尔兰，日子却比故乡好过得多。

1866年4月14日，他们生下了第一个孩子。牧师给小孩子洗礼时问给婴儿取什么名字，爱丽丝微笑着低语："简。""简"是受洗名，但从一开始大家都喊她"安妮"。

沙莉文一家幸福快乐，虽然他们还是很穷，没有多余的钱储蓄，但已不再挨饿了。

黄昏是一天中最美好的时刻。安妮开始学会说话，托马斯便天天讲故事给她听。晚饭后，他拉开椅子，把她抱到膝上，说："今天要听些什么故事？"

父亲讲的每个故事她都喜欢听，其中以《小红帽》为最爱。其他爱尔兰的故事、民谣、诗歌等她也都很喜爱。

哄安妮上床睡觉前，托马斯常把安妮高高举在头上，荡秋千般地摇晃着；在屋内快步绕圈，逗得女儿咯咯欢笑。这个时候，他总会大声对着安妮说："我的小安妮，我们沙莉文家多么幸运！我们有爱尔兰好运保佑，谁敢来欺负我们！"

然而，好日子享尽，沙莉文家的幸运之神开始远离，不再眷顾了。

厄运先从安妮下手。3岁未到，安妮的眼睛开始发痒，眼皮上长满了细沙状的小颗粒。这些小颗粒由软变硬，由小变大，扎得安妮眼睛又痒又痛。

安妮揉了又揉，擦了又擦，结果情形变得更糟糕了。小颗粒并没有因揉擦而消失，反而刺伤了眼球。安妮的眼疾一

天比一天严重。

沙莉文家并不富有，根本没有钱去看私人医生，只得等候福利机构的巡回医生来带安妮去治疗。

他们尝试了许多治疗方法和偏方。听邻居说用天竺葵泡水洗眼睛可以治好，爱丽丝便去摘生长在窗前开着红花的天竺叶子，用大锅煮沸。她用这些苦汁洗涤女儿的眼睛，结果安妮痛得拼命地哭叫，眼疾依然没有治好。

最后，他们只好带安妮去看私人医生。医生翻了安妮的眼皮，拿出一把小刮刀，刮着眼皮上的小颗粒。安妮痛得尖叫乱抓，医生态度粗暴地喝住："抓紧她，不许动。"

医生的情绪非常恶劣，为什么这些付不出医药费的穷人偏爱来找他？他大吼："坐下，坐下。"畏畏缩缩的沙莉文夫妇只得小心翼翼地紧靠在椅子边。

托马斯毕恭毕敬，走上前去说："大夫，请您帮帮忙，请您治好我女儿的眼睛。"

"给你一些眼药膏，一天涂两次，挺有效的。"医生的话显得颇具权威。

沙莉文夫妇对医生有莫大的信心，于是就安心离去。

望着他们走向街中的背影，医生摇了头，叹了气。他知道小女孩的眼睛已经没有痊愈的希望了。

"颗粒性结膜炎（砂眼）"，他不忍告诉沙莉文这个病名。"砂眼"是那些有钱人才生得起的富贵病。需要阳光、新鲜空气及整洁的环境，需要肉类、鱼类、蔬菜和水果等滋养品来调养，需要花很多钱才能医好的疾病。

医生情不自禁地摇着头，不要想这些无法解决的问题

吧！假如那女孩的父母有钱，她根本不可能染上这种不干不净的毛病。"砂眼"偏爱贫民窟，喜欢在肮脏的地区散布。

祸不单行。安妮感染砂眼后，爱丽丝也生病了。

一天早晨，爱丽丝摸着自己喉部，觉得酸痛难忍。几天后痛苦不但没减退，反而有些微微发烧，她一天比一天消瘦，身体变得倦怠无力。她开始拼命地咳嗽，不用医生说，爱丽丝也知道自己得了什么病。"肺结核"是专门找穷人纠缠不放的绝症。

时运不济，一波未平，一波又起。过了几天，爱丽丝告诉丈夫："托马斯，我们又有孩子了。"

爱丽丝宣布这个消息时，他们正在吃晚饭，托马斯默然放下刀叉，咽下食物，问道："什么时候生？"

"今年冬天吧，我想可能在圣诞节前后。"

托马斯不屑地啐道："好一个累赘的圣诞礼物。"他狠狠地摔下餐巾，掉头走了出去。爱丽丝长叹一声，怎么能怪她呢？一切都这么不顺心，她的肺病，安妮的眼疾，现在又加上一个花钱的婴儿。一个钱不能当两个用啊！

1869年1月，吉米出生了。他一生下来就体弱多病，遗传了母亲的体质，臀部长了一个大大的结核瘤。

往后的日子爱丽丝总是脸色苍白，眉头深锁。日后人们告诉安妮，她的母亲年轻时多么开朗、爱笑，而安妮记忆中的母亲却是苍白、困倦、瘦弱，寂静得像一尊雕像。

安妮与她父亲仍有快乐时光。他继续为女儿唱歌、跳舞，说一些令人开心的故事——只是次数在逐渐减少。有些回忆令她永生难忘，其中一幕是父亲蹲在她身旁，问她：

"今天痛吗？"

安妮点点头，她知道父亲说的是她的眼睛。

"我的小宝贝，来吧！天气这么好，我带你出去走走。"托马斯牵着她的手。

父女俩走了5里路，到了邻镇西乡。托马斯听说此地来了一位眼科医生，所以特地带安妮来。但是检查过安妮的眼睛后，医生只是摇摇头。

离开医生诊所，回家的路上，托马斯在安妮身边蹲下，搂着她说："宝贝，不要担心，这个医生虽然不能看好你的毛病，但爸爸总会找到一个好医生来医好你的眼睛的。"他拍着胸脯保证。

他把安妮扛在肩上。"等你长大一点，我就带你回到我们的家乡——爱尔兰。用爱尔兰香浓河的河水洗净你的眼睛，就不会再痛了。"他满怀深情地加上一句："那是世界上最

好的药水。"听得安妮眼睛发亮。瘦小的她岂知从美国马萨诸塞州到爱尔兰的香浓河，路途是多么的遥远。

托马斯带着女儿走到镇中心的繁华区。一家商店橱窗里展示了一顶美丽的白色草帽。

"嗨！"她的鼻尖贴到橱窗玻璃上赞叹地叫起来。

白色的帽子上有一条淡

蓝色蕾丝带垂在后面。托马斯看看女儿，拍了拍她的肩膀然后走进店里。

安妮看到售货员从橱窗里取下帽子。几分钟后，托马斯走出来，把帽子戴在安妮头上。这是她一生中的第一顶帽子！美得像童话故事中小仙女头上的帽子！戴着世界上最美丽的帽子，她一路欢笑回到家。

病魔袭扰家人，托马斯面对接踵而来的重重困难显得手足无措，他不知道怎么样才能摆脱心中的忧虑和烦恼。沉重的负担和悲哀折磨着托马斯，他慢慢迷失信念，开始学会了借酒消愁，然而举杯消愁愁更愁。

托马斯常常喝得烂醉才回家。他们又生了一个小孩，爱丽丝病得奄奄一息，骨瘦如柴，婴儿又吵又闹，她没有多余的精力顾及安妮。

安妮年幼不懂尘世坎坷，不解人意，她需要家人关怀示爱。然而她的双亲没有多余的爱滋润她、呵护她。她心里的不安和焦虑纠葛在一起，化为一把无名火，使她变得愤怒，常常狂乱地发脾气。安妮已没有办法控制自己了，她由快乐天真变成暴躁易怒的小女孩。

无知的安妮宣泄她的情绪方式和大人迥然不同。她用自己的方式，用整个身体冲击小生命中的愤懑。她大声嘶喊、怒吼、东撕西摔，试图抗拒莫名的恐惧。

她的脾气让人不能忍受，以致于邻居们都叫她"令人讨厌的小孩"。

有一次，她把手伸进烤箱里拿面包，不小心被火烫到。虽然这是自己的错误，她却勃然大怒，抓了火钳，夹起面

包，使劲地摔在地上。

眼看安妮愤怒地糟蹋她们的宝贵口粮，母亲只能无力地呻吟："安妮，安妮……"

另外有一次，爱丽丝叫安妮照顾睡在摇篮里的小妹妹玛丽。安妮摇一摇，不觉怒气从中而来，打从心眼里她就不喜欢玛丽。玛丽夺走了妈妈所有的疼惜和怜爱。她越想越生气，愤愤地用力摇晃，咚的一声，小婴儿从摇篮里滚了下来。

那一天晚上，父亲狠狠地揍了她。她咬紧牙根，滴泪不流，从此怨恨更像燎原的野火，难以平息。

安妮的坏脾气有增无减，直到不可收拾。每天早晨，她喜欢看她父亲刮胡子。这一天，看到刮胡膏的瓶口沾满了泡沫，她注视了一会儿，泡沫裹着胡子，多么好玩。她的手慢慢靠去，伸到肥皂泡里。

不巧托马斯的情绪也不好，"把手拿开。"他打了安妮的小手。

这一巴掌点燃了安妮的宿怨与积恨，瞬间像火药爆炸一样，安妮举起手边的瓶瓶罐罐，对着镜子一个接一个狠狠地掷去。镜片碎落满地，留下木头空框颤颤震动。

安妮嘶声裂叫，父亲没有动手打她，也没有破口大骂，而是呆若木鸡，喃喃自语："是魔鬼缠身？是鬼迷心窍？看看你所做的，你这个扫帚星，带来厄运……都已7年了。"句句清晰地刺进安妮心坎。

可怜的安妮成了代罪羔羊！其实托马斯的情绪不在于破碎的镜子，而在于贫穷和疾病。辗转不能入眠的漫漫长夜，父亲喃喃的诅咒，困扰了安妮多年。

祸不单行，福无双至。穷困和疾病像一串无法打开的链环，厄运周而复始，年复一年。吉米已3岁，肿瘤越长越大，安妮眼疾更趋恶化，爱丽丝病入膏肓，托马斯沉沦酗（xù）酒，无法自拔。情况已到了山穷水尽，无法再坏的境地了。在这些苦痛的岁月里，爱丽丝勉强撑住了这个家。结核病菌像虫一般无声无息地把她啃蚀耗尽。昨日，她还在那儿；次日，她已魂归西天。栋梁倒塌的家，七零八落。

沙莉文的亲戚只得出面救济，出来安顿一个酗酒的男人和3个年幼的小孩的去处。

亲族代表通知所有的亲属开会，住在附近的亲戚都来参加。爱伦姑妈主动提议要收养吉米和小婴儿玛丽。没有人主动收留安妮，就是因为她一发而不可收拾的坏脾气和眼疾。

经过一番推诿后，大家决定由堂哥约翰与堂嫂苏达希收留安妮。约翰有钱！可不是吗？好歹他拥有一个制烟厂，虽然不算大，却也算是自己当老板，独资经营。

"你们最宽裕，该你们抚养。"大家异口同声要求他们收养安妮。

"你们毫无道理，只是嫉妒我们。"苏达希大叫不公平，但她推不开道义责任。当天下午，他们只得把安妮带回家。

苏达希尽她所能，有心善待这个不速之客，无奈安妮仇视一切家教规范。在安妮心中，她已一无所有，只剩下不可侵犯的"自由"，自己得好好保护自己。她幼稚，没有正确的是非观，一切只是出于本能，不择手段、不可理喻地维护所谓的"自由"。三番五次，她的粗暴野蛮把苏达希吓得不愿意再招惹她了。家规、教养无法施用在她身上。苏达希堂

嫂也就撒手不管，不闻不问，任由她自生自灭了。

有一阵子安妮过得很惬意。春天到来，安妮在田野里游荡，从这个牧场到那个草原。坐在苹果树下编织白日梦，躺在干稻草堆上发呆，混日子。只要离开寄养的"家"，她就心安、舒坦、快乐。

一天晚上，约翰告诉太太："你猜，我今天看到安妮在做些什么事？"

"我看到她躺在谷仓后面那片草地上。我足足观察了5分钟，她高举着手，一动不动。有只小麻雀从树上飞过来，掠过她身上，看了她一眼飞走了，安妮还是不动。那只小麻雀竟然又飞回来停在她手指上，他们就这样子，像老朋友似的互相观看——真是不可思议。"

苏达希冷冷地哼道："有什么好奇怪？小鸟的朋友？岂止是小鸟，她就像一头野兽。养一匹小马或一头小牛都比养她好得多。"

约翰感慨道："在家里无恶不作；在外面却可以这般温顺有耐心。"

秋天来了，学校要开学了，安妮也到了该入学的年龄。一天，她找到苏达希堂嫂，用兴奋而激动的声音颤抖地问："我可不可以去上学？"

"不要做白日梦了。"苏达希嗤之以鼻，"凭你这一双眼睛，一辈子也别想读书、写字。"

圣诞节快到了，约翰和苏达希几乎每天拿着大包小包的东西，进入前面大客厅。他们将圣诞礼物存放在前厅，所有的小孩都不准踏入。安妮唯一例外，她一再进进出出。

一天，她发现一个非常美丽的洋娃娃，乖乖的坐在小椅子上。一双蓝色深邃的眼睛，满头金色卷发，细瓷做的脸蛋光鲜粉嫩，镶着蕾丝花边的拖地长礼服裹住了她。

灰暗的大客厅，安妮无法看清楚。虽然她视力微弱，却看得出这个洋娃娃美丽非凡，举世无双。

从此以后，安妮不时溜进去看那个洋娃娃。她抱着洋娃娃亲一亲，还像个小大人一样抚慰它。圣诞节前的这些相处使她误认为这个洋娃娃非她莫属了。

久盼的佳节终于来到，家里的每个人鱼贯走入大厅。约翰打扮成圣诞老人分发礼物。每一个小孩子都有一份，安妮拿到她的一份礼物，看也不看，就把它放在一旁。因为在她的眼里只有那个洋娃娃，她等着抱洋娃娃呢。然而约翰拿起它，给了自己的女儿。

瞬间，安妮不能相信自己的眼睛，她冻住了似的凝然直立。她突然冲出来，一把抢过洋娃娃，揪住它金色卷发，将它狠狠地摔在地上。她发疯似的扔、踢、摔身边的所有东西。约翰好不容易架住她时，她已毁掉了全家的佳节气氛。

真叫人受不了！于是又开了家族会议，大家一再商量安妮的去留。他们已经厌倦了扮演慈善好人的角色了，当初收留孩子只是碍于情面，无法推脱罢了。

不过爱伦姑妈是例外，她说玛丽乖巧可爱，自己喜欢这孩子，愿意继续收养。而吉米臀部的肿瘤病况已越来越严重，她已无法承担医药费。至于安妮，没有人能驯服，也就没有人愿意收留她。

✸在救济院的生活✸

约翰夫妇回家前，安妮和吉米的命运已定。家族会议决定将他们送到德士堡救济院，人们多半干脆叫它：贫民救济院，从此以后与沙莉文家族的人毫不相干。

马萨诸塞州救济院没有护士，也几乎没有医疗药品。州政府拨给医生的钱不够，镇上的医生也就偶尔例行公事来巡视一趟，在长方形的两栋房子——男宿舍及女宿舍走一圈。

这是一所虚有其名的救济院，事实上是无家可归的流浪者的收容所。无依无靠的垂暮老人、精神病患者、醉汉等天涯沦落人均是这里的常客。

安妮和吉米千里迢迢加入他们之中。第一个晚上，沙莉文姐弟被安排在女宿舍。这一栋宿舍都是生病的老妇人，他们如同幽灵般地躺在床上，不在床上时便坐在摇椅里叽叽嘎（gā）嘎摇上几个钟头。灰暗的屋里难得有人语声。

安妮不喜欢这里的气氛，这些妇人阴森森的，没有一点生命的活力。她们的缄默和永无止尽地摇着躺椅令安妮身心不安。安妮是初生之犊，满身是劲，除了眼疾，没有尝过病痛折磨的滋味。

多数老妇人并不关心新来的沙莉文姐弟。小孩子不懂事，整天叽叽喳喳，从来没有尊重过这些年纪大的室友们。但有两位老妇人成为安妮的朋友，安妮觉得她们与众不同，至少她们还"活"着。一位是瞎了眼的老妇人，她常拉着安妮的手，讲些奇妙的故事给安妮听；另一位是玛琪·卡罗，

她患有严重的关节炎，几乎瘫痪，连上下床都非常吃力。她常常借助安妮的年轻力壮，在需要翻身或坐起来时就喊安妮。不管在做什么，安妮总是赶紧跑过来帮她。

而玛琪也代替了安妮的眼睛。她懂得阅读！安妮帮老人捧书，替她翻开新的一页。

玛琪的眼睛和安妮的双手互补缺憾，相得益彰。几个月以来，她们读完了一本又一本书，点燃了安妮的阅读欲望。

在德士堡最初的日子安妮过得快乐无比。她和吉米有东西可吃，各有一张床，可以挪得很近，晚上她可以照料弟弟。居住环境虽然不十分好，白天黑夜常有成群的老鼠出没，但是他们并不以为然。吉米还以此取乐，常用扫把追赶老鼠群，玩着猫追老鼠的游戏。

最令他们感到高兴的是姐弟不用分离，可以在同一屋檐下过日子。上上下下的职员都善待他们，没有人欺负他们、蔑视他们。人们从来不干扰安妮，她也不再使性子、发脾气了。她平静地过着日子。有一两次，她正要发脾气，管理员就对她说："你再叫一声……再叫一声就把你弟弟送到男宿舍去。"他的威胁唤醒了安妮的理智。以后的日子，一想到这句话，她就会刹住狂乱叫闹的脾气。

德士堡的冬天来临了。外面酷寒，没有保暖的厚外套，他们只好缩在屋里，不敢出门。在宽敞的女宿舍尽头有一间少有人来的小空房，安妮和吉米把这个小房间当成专用游乐室。

"你们怎么……敢在这个屋子里玩？"一位老婆婆显得十分害怕地告诫说。安妮领会婆婆的好意相劝，耸耸肩。她知道这是停放死尸的太平间。救济院里，人们去世以后，连床一起被推到这一个房间，等候安葬。安妮备尝人世的无常和辛酸，生者与死者的日子有什么两样？又何足以惧？

安妮喜欢到处闲逛。一天，她发现大厅的橱子里堆满了一大捆一大捆老鼠嗑过的旧杂志。

"吉米，吉米，快来！我挖到宝了。"他们把一捆捆杂志拖出来，搬到他们的游乐室——太平间里。虽然都不识字，但是他们趴在地上，欣赏书里的图片流连忘返。

有些杂志是警察公报，那是吉米最爱看的；而安妮则喜欢看妇女杂志上的窈窕淑女：她们穿着镶丝边的拖曳长裙，闪亮的钻石发箍环束着长长卷发，有许多天真无邪、两颊红润的小孩子们绕足嬉戏。

安妮把杂志捧至指尖，用微弱的视力全神贯注地看着，但光是图片无法让她理解。有时她用手指，爱惜地抚摸印在上面的文字，一遍又一遍，乐此不疲。然后她愤然摔开杂志，紧握拳头，痛捶地板："我要读书，我现在就要读书……"热切的求知欲如火焚心，她无奈地放声大哭起来。

3月走了，4月来了，春天终于来到了德士堡，外面春暖花开。安妮总是独自外出游玩，而吉米的肿瘤越长越大，只能依赖拐杖，一瘸一瘸地在宿舍里踱来踱去。他的病一天比一天沉重。安妮每天早上帮他穿好衣服，从床上小心地搀扶他下来，调好拐杖，稳住吉米。"他还能走路，应该不是毛病。"看着日趋病重的弟弟，安妮无法面对现实，只好找些理由自我欺骗，自我安慰。

一天早晨，安妮帮吉米穿衣服，吉米抽抽噎（yè）噎哭个不停。他挣开安妮的手，颓然倒在床上。邻床的老太婆抬起头，不耐烦地吼叫起来："你这个女孩子，怎么搞的？你不是照顾他的人吗？还让他整夜哭叫，吵得我无法入睡。"

安妮很生气地回应："闭嘴！关你什么事，老巫婆。"老婆婆的话戳破她的自我欺骗。她好害怕！

"你这个小鬼，恨不得给你一巴掌。"

"一巴掌？好哇！"安妮两手叉腰，像只斗鸡。吉米爱看热闹，他想站起来，却又倒回床上。"哎哟，好痛！"他疼痛得直呻吟。

安妮抱着他，安慰着他："过一会儿就会好的，不要担心。""今天在床上好好休息，明天一定会好的。"然而从此以后吉米再也没有下过床了。

他们请来医生，诊断过后，医生将安妮叫到大厅，双手轻按安妮瘦削的肩膀，慈祥地告诉她："安妮，你要有心理准备。你弟弟没有多少时间了。"

安妮目光空洞，一阵冷颤从脊背延伸化成椎心疼痛。怎么办？她不禁嘶声长哮，紧握拳头拼命地捶打医生，直到有人跑过来拖开她。

"够了。"管理员骂道，"再闹就马上把你送走。"

把她送走？就是这一句话打中要害，震慑住了她。她像挨了一记闷棍，怔怔地站在那里。以后的日子，安妮一直陪着吉米。他们坐在床边，安妮讲故事给他听、照料他穿衣、吃东西……吉米痛苦地呻吟时，她细心地抚摸吉米的背，按摩他的腿，试着减轻他的痛苦。直到吉米临终，安妮没有过片刻的休息，也从没有安稳松懈地睡过。安妮怕一睡，恐怖

的事情就会乘虚来袭。小孩子敏锐的直觉告诉她：幽暗的黑夜最是危机四伏，死神会不声不响地悄悄来临掠夺吉米而去。她要清醒着，全力以抗。

然而，当他们推走吉米时，安妮却睡着了。

她睁开眼醒来时，宿舍里一片昏黑。她觉得不对劲，却看不到任何东西。安妮急急转向吉米的床——竟摸不到床！

恐惧和忧虑慑住她，使得她不停地颤抖。她下了床，摸黑颤颤走出房间，走到太平间。她双脚发软，抖得几乎无法站立，安妮一再警告自己保持镇定。走进去两步，她伸出手，触到了吉米的床边铁栏杆。

安妮凄厉的哀号惊醒了全宿舍的人。灯亮了，人们跑过来，看到安妮一动也不动，像一具尸体昏倒在地。一双柔软的手把她从地上抱起来。

安妮错怪了他们，以为最后这一刻，人们要分开她和吉米。她忧伤恼怒，变得像一只猛兽一样凶悍、咆哮、咬、踢……人们抓住她的手，与她纠缠了一阵，最后又只好让她躺回地上。

她静下来，像一具僵尸直直地躺在地上，没有哭泣。多年后她回忆说，当时，她只希望自己死去。那是她生命中一段最痛苦绝望的悲哀日子。

逝者已去，生者何堪。宿舍里一位善良的老妇人摇晃着走过来，想把安妮从地上拉起来。老婆婆费了好大力气，吁吁地喘气。安妮听到耳边老婆婆的气喘呻吟声，张开眼睛。她一声不响地从地上站起来，将好心的老婆婆挽回床上。

"安妮，坐过来。"老人轻拍床旁，怜惜地喃喃低语，

"尽情地哭吧！宝贝，眼泪可以冲淡人间的哀伤。请相信我。"

安妮似乎没有听进去。她痴痴地坐在床边，两眼发直，连眨也不眨一下。

"哭吧！人总是会死的。"老妇用粗糙的双手安抚安妮，缓缓地劝慰着。有生必有死！安妮悲从中来，泪水滚下。

希望

吉米去世以后，远离德士堡成为安妮唯一的生活目标。

安妮知道，走出救济院的大门并不难，难的是在大门外如何生活。她没有家庭，没有职业，外面的工厂，没有一个人愿意雇佣她。年龄太小，视力又差，谁肯雇用这样一个童工呢？

在家靠父母，出外靠朋友。孤苦伶仃的安妮，需要朋友援助提携。在这些困苦的日子里，安妮终于有了一个真正关怀她的朋友——巴巴拉——德士堡新来的一位神父，他主持女生宿舍每个星期六的祷告和星期天的弥撒仪式。

巴巴拉神父所属的教会虽然只交给他这两项职责，但是，救济院困苦的环境和丧失人生希望的住客却揪紧了他的良知和同情心。没有事的时候，他常常到这里问候一下。他与男人们聊一些体育消息，也和老妇人们说说笑笑。他也开始注意到安妮，关心安妮。

安妮也开始观察这位新来的传道者。每当他们的目光相遇时，安妮总是避开他的视线，缄（jiān）默不语地沉湎于

弟弟逝去的悲痛中，她没有心情与任何一个人交朋友。然而每次安妮闪开视线的时候，仍然可以感觉到巴巴拉神父和蔼可亲的微笑。

神父亲切的笑容消除了安妮的恐惧。神父一床挨着一床，与人招呼寒暄时，安妮就跟在他后面。过了几个月，突然有一天，他们并排走在一起，交谈起来。巴巴拉神父已经成为了安妮的朋友。

神父要回去时，总要拍拍安妮，表示自己的关怀。有一天，他给安妮一个意想不到的许诺。

那时，他们正站在黄色大门边，巴巴拉神父皱着眉看着安妮，终于忍不住地开口说："安妮，你不应该再待在这儿，我要带你离开。"

巴巴拉神父知道安妮眼睛视力弱得几乎看不到东西。他有一位朋友，在马萨诸塞州罗威郡的天主教慈善医院当医生，医术非常高明。神父要带安妮去看病。在他看来，这位朋友是医治安妮眼疾的最佳人选。

医疗眼疾是首先要解决的问题，等治好眼睛，再给安妮找一个地方安顿下来，让她离开死气沉沉的德士堡。

从安妮和吉米乘坐"黑玛丽"投奔到德士堡后，整整满一年，巴巴拉神父带着安妮离开德士堡，到罗威郡去找他的医生朋友。

医生马上安排安妮检查眼睛，他告诉神父："我想应该可以给她提供帮助。"他慎重地重复道："应该没有问题，我们能帮她医治好。"

接着，他们马上给安妮开刀。安妮蒙着眼罩，十分胆怯

地躺在床上，安安静静地躺了几天。拆线那一天，一群护士拿着药物及仪器，跟着医生走进来。巴巴拉神父也紧跟在他们身后。医生谨慎小心地拿开眼罩，拆开缝线。

医生慈祥地对她说："把眼睛张开。"安妮听到吩咐，企盼使得她心跳加速，几乎跳出喉咙又返回胸腔。然而张开眼，依然一片朦胧，影像模糊，一切比原来情形更糟。她只能看到微光与灰暗形影。开刀没有成功。

"我不想回救济院去了。"安妮啜（chuò）泣不止。

神父安慰她说医生还要给她开刀，于是她又快活起来。因为这样一来，他们就会继续留下她，而不必马上送她回德士堡去了。

安妮有生以来第一次接触到有教养而富于同情心的善良的人们。他们也觉得安妮聪明伶俐，讨人喜欢。他们关心她，倾听她的心声。

美好时光瞬息即逝。她再开一次刀，又再开一次……一次又一次，没有一次令人满意。最后，医生们认为已尽所能，无能为力了。

医院是患者所住的地方，如今医生诊断安妮是眼睛失明而不属于眼科疾病，因此安妮必须出院。他们再也找不到借口留下她了。为了传教，巴巴拉神父奉教会之命远调他乡，离此而去，也无法再顾及她。何处是归处？谁又能收留她呢？

"只好送她回去了。"安妮偷听到医生与护士的谈话，她明白这句话的含义。

"请不要送我回去，我不要回去。"安妮的哭叫哀求令人心碎，但他们也无能为力。公事公办，他们只能让"黑玛

丽"将她带回去。

安妮回到德士堡，没有人注意她，更没有人关心她，她觉得自己沉没于永不见天日的黑暗牢笼中。折回德士堡的痛心遭遇引发了她的思考，她更加急切地希望离开德士堡，她立下志愿一定要离开此地。

她没有隐藏自己的心愿。宿舍里的老太婆们讥笑她："安妮，你知道自己是谁吗？你与我们又有什么不同？竟敢奢望离开。"一时间安妮成了这些女人们冷嘲热讽的对象。

听了这些话，安妮十分愤怒："我才不管你们怎么想怎么说，我一定要离开。"

"乖宝贝，离开后，要做些什么？"

"我要上学。"

这个回答令她们哄然大笑。

出于好意，安妮的朋友们也希望她能忘掉这个荒唐的想法——毫无意义的白日梦。在她们眼里，难成事实的幻梦更令人伤心，怨天尤人。就连她的好友玛琪·卡罗也忍不住委婉地劝告她："安妮，你眼睛看不见，怎么在外面生活？德士堡就是你的家，这是天命！"

"瞎子又怎样？我不要住在这里，我要到外面的世界去。我要去上学——不管是什么学校。我才不管上帝怎样想，怎样安排。我永远不会接受。"

"安妮，闭嘴！不可以胡说。"安妮出口亵渎上帝，令玛琪十分震惊和愤怒。安妮也生气地奔出室外，她不愿听玛琪唠唠叨叨的训诫。

日复一日，年复一年——1878年、1879年、1880年，安妮还是在德士堡。她几乎全盲，但是幻想依然存在，只是更飘缈虚幻，难以把持，有时甚至她自己也怀疑梦想是否能成真？

无论如何，她的意志和信念无比坚毅，她一定要离开德士堡。

一天，安妮的一位盲人朋友告诉她："安妮，我不知道我是否应该告诉你一些事。也许你知道了也于事无补。不过……你听说过有一种为盲人设立的学校吗？"

安妮屏住呼吸，迫不及待地问："你的意思是，像我这种人可以在那里读书、写字。"

"一点也没有错，只要你能进去。"

苏达希堂嫂的讥笑仿佛犹在耳边："凭你这双眼睛，一辈子也学不会读书、写字。"

那时候，以她的微弱视力都无法上学，现在的视力比那时更糟，又怎么能读书、写字呢？

德士堡的安妮个人资料记载得清清楚楚："盲"。想到这些，一团怨怒勃然而出："骗人。你只是寻我开心，残忍地看着我失望。瞎子怎么可能读书、写字呢？"她用手蒙住双眼。

老人摸着安妮的手，默默地握了一会儿。

"宝贝，就用这个。"她捏着安妮的手指，"用你的手指头去触摸凸出来的字，你就可以读。盲人就是这样读书、写字的。"

现在安妮终于知道了她该去的地方了，但是该怎么去呢？没有一个人有能力帮助她。外面的世界，她一无所知，又怎么能指望别人来帮助她呢？如何与外界取得联系？她不识字，不会写信，她眼瞎，无法走出围墙，更何况外面的环境如此复杂。

安妮脑子里日夜索绕思虑着这些难成事实的渺茫希望。

1880年，意外发生了，外面的世界突然闯进了德士堡。

马萨诸塞州官员们大多数时候并不关心州立救济院。结果谣言满天飞，攻击他们的救济院环境是如何恶劣、凄惨，不得已才组团进行调查，今年要来调查德士堡。

德士堡早就该被调查了。1875年，在这里出生的80个婴儿，冬天过后，只剩下10个；建筑物破旧，药物短缺；食物低劣，满是虫子、细菌；院内成群结队的老鼠，白天也猖狂地跑出来抢食、伤人。

德士堡的主管也不是坏人，问题出在州政府一个星期只付给每个贫民1.75元的费用，包含一切衣食住行。主管们也只能以此为限的经费来维持开销，用可怜的资金来支付柴米油盐、生老病死之事。

难怪马萨诸塞州慈善委员会听到各种传言，要组团来调查了。年纪大的人并不寄望考察团能改善他们的生活。诸如此类的调查以前也搞过，大家看多了。

一群人来了，看到救济院里的贫民在最低的生存条件里苟延残喘，他们摇头、震撼、咋舌。他们离去时，口口声声地高喊："需要改善。"然后就石沉大海、信息全无。食物的虫菌，鼠群猖獗，恶劣的环境年年依旧。

然而安妮却期待奇迹能够出现，一切有所改变。她盼望他们发现她，注意到她——送她去上学。

玛琪告诉安妮她所听到的消息："这一团的团长叫法郎·香

邦，记住他的名字，找到他或许你就可以离开德士堡。"

安妮牢牢记住这个名字。她殷切企盼，久久等待的日子终于来到，全院都在传闻："他们来了。"

考察团来了，他们四处查看居住环境，提出各种问题，试吃食物，趴下来看看老鼠洞。他们对这种环境咋舌，哇哇大叫。安妮跟在他们后面，一个小时又一个小时，走遍德士堡每个角落。她看不清楚他们，只能摇摇晃晃地追踪他们的声音。在她心里整天只有一个念头：如何鼓起勇气，向这些贵宾开口。

调查已近尾声，一切即将结束。考察团一群人走到黄色大门口，与德士堡的主管们握手道别。他们马上就要走了，他们永远不会知道，有个叫安妮的女孩渴望离此而去。她的希望从此像断线的风筝，随风飘去。

安妮不知道哪一位是香邦先生。为时已晚，良机将失，她没有多余的时间去辨认。

"收获不少。"一个灰色身影这样说。

"我们会尽快公布我们的决定。再见！"另一个人影说着。大门嘎嘎作响，即将徐徐关闭。

她就要失去最后的机会了！突然，她全身投进即将离去的人群中。

"香邦先生，香邦先生！"她向全体团员哭诉，"我要上学，我要上学，请让我上学吧！"她泪水滂沱，声音颤抖。

德士堡主管想把她拖开，一个声音阻止了他。"等一等！小女孩，是怎么一回事？"

"我眼瞎，看不见东西。"安妮结结巴巴地说，"可是

我要上学，我要上盲人学校。"

另外一个声音问："她在这里多久了？"

"我不知道。"

他们问了一些问题后，离去了。

那一夜，安妮啜泣着入睡，她的"希望"如水中泡影，她确信自己已经完全失败了。

几天以后，一位老妇人步履蹒跚地走进女宿舍。

"安妮，安妮，他们叫我快来找你。快整理好你的衣物，你快要离开这里了。"

香邦先生帮助安妮注册入学。她以慈善机构贫寒学生的身份，去离波士顿20里路的博金斯盲人学校就读。安妮·沙莉文终于如愿以偿，要去上学了。

临行前，朋友们快速地帮她缝制了两件衣裳。多年来安妮第一次拥有新衣服——一件是蓝底黑色小花，另一件是红色的。离别的日子，安妮选择了喜气洋洋的红色衣裳。

自从住进德士堡以后，4年来的朋友们都到大门口来相送。没有人拥抱她，没有人与她吻别，但她们的叮咛诚恳、殷切。

"一定要做个乖女孩儿。"

"等你学会写信，一定要写信回来——想想，我们的安妮，就要会读、会写……"

"不能像在这里一样，老是爱顶嘴。要听话。"

"回来看看我们。"

马车夫老丁扶着她坐在身旁。当马车离开德士堡时，老丁挥了挥手中的马鞭，回头指着徐徐而关的黄色大门："安妮，走出这个大门以后，就别再回来了，听到了没？祝你一切顺利！"

老丁的话她记得清清楚楚，她将所有的祝福都珍藏在内心深处，一生不忘。

1880年10月3日，安妮坐着马车驶向博金斯盲人学校，驶向一个新的环境，陌生的生活。这是安妮奔向她生命中的第二次机会。

转变

学校生活开始了。虽然现实生活和她过去想象的相距甚远，但是，她多年来梦寐以求的学校生活终于实现了。

安妮14岁，一个毫无社会经验的青涩（sè）年龄，她不懂得读、写、加减乘除……她不知道英语、地理、历史等名词和它们的含义，一切都要和幼小的孩童一块儿从头开始学习，她的同学都是一些牙牙学语的幼儿或调皮的黄毛丫头。

安妮掺杂在一屋子五六岁大小的小孩中，显得格外老成，笨手笨脚。安妮和他们格格不入，痛苦万分。一些女孩

奉上"老安妮"的绰号来捉弄她、排斥她。

生活充满了挑战，她陷入困惑、失望、叛逆之中。仿佛一只随时应战的斗鸡，昂首阔步，紧张戒备。每个晚上睡觉时，她都想放声大哭，却只能捶打着枕头低声暗泣："我恨她们，我恨她们所有的人。"

时日一晃，数月已过，安妮学会用手指触摸凸起的字母阅读，她学会使用盲文来读和写，可惜她不会拼字，因为她没有耐心学。

有一段时间，安妮错以为人们可以互相沟通意念就可以了，何必吹毛求疵，计较或多或少的错误字母呢。的确，要正确地背会这么多单字，实在令人头痛。

语文老师不厌其烦地向她解释："安妮，每件事都有正确的一面和错误的一面，做事的原则要守正、为善。安妮，要有耐心，要有原则。"然而安妮把这些话当成耳边风，依然我行我素。老师渐渐也失去了耐心，换了别的方法，而这种方法，却深深伤害了安妮的自尊心。

老师把安妮的作文拿出来，当众大声朗诵，当遇到拼错的字，她就停顿下来，用责备的口气、清晰的发音予以纠正，她仔细地在错字上标上红线。

无聊的学生们觉得这是一个十分好玩的游戏，每当老师停下时，他们就笑得前仰后合。笑声像利剑宰割她、打击她。安妮咬牙屏气，一遍又一遍，心中默默地咒骂他们。她几乎每天都要忍受这种折磨。有一天笑声特别尖锐，她再也无法忍受，于是从椅子上跳起来说："好！你们都对。有什么好笑的！你们这些笨瓜，只会笑，只会拍马屁，一群马屁精。"

"拍马屁"是安妮在德士堡惯用的口语，往往脱口而出，并不代表任何含义，然而老师觉得自己的尊严受到了影响。她厉声命令安妮："出去！坐到台阶上，待会儿我会去找你的。"

安妮怒火中烧，气得全身僵硬，冲出教室，撞得一排空桌子斜歪一边。

这一回，老师又误会了，她以为安妮摆出架式要跟她作对。而安妮也认为老师故意找碴儿，便不理不睬，走了出去。

"安妮！你听到没有？"老师威严凛凛。

安妮头也不回，自顾自地走到教室门口，转过身，"我不坐在台阶等。"她又傲然地加上一句，"我再也不要回到这一班来上课了。"砰的一声，她甩了门，掉头走开。

发生这么骇人听闻的事，校方不能不管。安妮被叫进校长安娜诺斯先生面前，校长费尽口舌告诫她，让她明白自己是多么粗鲁无理，目无尊长，"以后再也不可以这样做了。"校长说。

"是她惹我这样做的，是她的错啊！"她理直气壮，气冲冲地回答。

"安妮，重点不是在于谁的错。"他解释说，"身为学生，必须尊敬老师，否则我们又如何维持学校的纪律呢？你得向老师认错。"

安妮拒绝了。她觉得老师冤枉了自己，老师才应该向她道歉呢！当然她并没有这样要求老师。

"够了，够了。"校长叹了口气，"回你的房间去，不要出去，等候消息。安妮，好好想想我说的话。"

安妮关上门出去以后，校长垂头丧气，头痛万分。"该怎么处理呢？这里已经容不下她了，她太倔强、太放肆，也许该送她回家……可哪儿是她的家呢？"

有人敲门，莫美丽——学校最优秀的老师小姐进来了。

"听说安妮惹了祸。"她简单扼要，切入主题，"她肯道歉吗？"

"我相信她不会道歉的。"校长无可奈何地说。

"我猜得一点儿也不错。"莫小姐说出她的看法，"这孩子，自尊心太强了。"

校长困惑不解。

莫老师接着说："她需要别人的关怀，我们都看得出来她非常聪明伶俐，学得这么快，又这么好，如果让她半途而废，岂不是糟蹋了上天赐给我们的可造之材？让我来试一试吧。"

安妮捡得另一次机会，莫老师每一周均抽出一段时间给安妮，她陪安妮散步，两个人坐在草地上读书和闲聊。每天安妮都在等待莫老师的来临。

起初，安妮怀疑莫老师居心叵（pǒ）测，她费尽心机试探莫老师。她泼辣地说出一连串她所听到过的粗话，等着看老师的反应。然而，安妮错了，她的试探毫无效果，莫老师根本不予理睬，十分平静地面对着她，仿佛一点都没有听进去似的。不管安妮如何招惹她，莫老师从不放在心上，真是令安妮泄气。没多久，安妮觉得挑衅莫老师一点意思也没有，一点都不够刺激。相反，感觉敏锐的安妮沐浴在莫老师的爱心里，她的执拗和偏激像冬日的残冰，抵不住暖暖的春日，化解流去。

安妮打开心扉，接受了这位充满爱心的新朋友，她不再疑心莫老师，不再试探她。从此以后，她各方面进步神速，尤其是莫老师最关注的两项——拼字和仪表态度，更令人刮目相看。安妮的表现令她欣慰。

安妮观察、倾听，而后模仿莫老师温柔的声调、优雅的举止，以及对别人慈祥的关怀……这些都滋润了安妮易怒的脾气。她的恶习渐渐消失了，她学会了缄默、谦虚。每当孩子们取笑她的时候，能够压抑自己不生气、不回嘴。这是多么痛苦的事！

她用心学习和细心模仿，久而久之变成了自己的习惯，孩子们也尽释前嫌，充满了友爱，重新接纳脱胎换骨的安妮。有一天，她惊奇地发现心里涌现出一种新的感受，她殷切地盼望旭日东升，迎接新的一天，和同学们一起上课、一起吃午餐、一起聊天。这一切该是多么快乐啊！安妮第一次咀嚼到自在而幸福的滋味。

大家慢慢地接受了安妮。不错，她是博金斯盲人学校的一员，然而，她却像家里的一个童养媳，无法和其他人平起平坐，完全被包容和肯定，就因为她是救济院送来的贫寒学生。这种身份有时候引起许多不便，给她带来许多尴尬。比如，放寒暑假时，学生们都回家度假，老师也各有自己的假期计划，唯独安妮无家可归，经济拮（jié）据的救济院不欢迎假期的访客。

找份工作是解决这一问题的唯一办法。安妮已经长大了，可以做事了。她虽然眼睛不好，手脚却很灵活，可以胜任一般家务，如果要求不太高的话，是不难找到工作的。

重见光明

学校帮安妮在波士顿南边找到一份整理、清扫旅店的工作，旅店位于城里一条热闹繁华的爱尔兰街。安妮很快就和客居在这里的人们交上了朋友。在她整理房间时，他们常找她聊天。一位房客注意到安妮因眼盲而动作笨拙，他在房门角落同情地看着飞扬的灰尘，熏得安妮的眼睛布满红丝。他心里默默地想："老天！保佑她。"

有一天，他问安妮："你去看过眼科医生吗？"

"看过千万遍。"安妮不开心地说。

"难道都医不好？"他追根究底地问。

"都没有用。"安妮面无表情地回答，"我点过药，涂过眼药膏，开过6次刀……"

"6次。"触及心结，安妮烦闷无奈。

"一点都没有效吗？

"没有。不要谈这些好不好？"

这位年轻人有个医生朋友，他不忍心看着好好的一个女孩，为眼疾受尽折磨。

"安妮，布来福医生是一个非常高明的医生。"他想说服安妮，"也许他可以帮你治好。"

"不要烦我！"刺伤心结的话题，惹得安妮几乎恼羞成怒，"没有用的，谢谢你的好意。"

"为什么不去找他呢？我带你去坐公共汽车。"

"不去。"

安妮固执地拒绝了他的好意。以前巴巴拉神父不就像这个年轻人吗，他的好朋友不也是高明的眼科医生？！

安妮不敢再存有任何希望，她已经无法承受希望的破灭，承受不了失望的打击和摧残。

热心的年轻人没有就此罢休。他三番五次怂（sǒng）恿（yǒng）她、劝说她，以致于安妮无法再摇头说"不"了。他兴奋地带着安妮走出爱尔兰街，去找他的朋友。

布来福医生在诊所里等着他们，医生例行公事，像所有看过安妮的眼科医生一样：翻眼皮、刮、擦、自言自语。安妮呆呆地坐着，往事如烟飘浮在心中。"我在做梦吗？好像以前也做过同样的梦！巴巴拉神父带我到罗威医院，医生亲自检查……"

"沙莉文小姐，你太苛待你的眼睛了，好在现在治疗还不致于太晚，我可以帮你医好！"医生充满自信的声音打断了她的回忆。

"我要马上送你去手术室开刀。"他接着说，"第一次开刀后你的视力不会改变，你回去上学以后要定期回来检查、敷药。等明年夏天的这个时候，我还要给你开一次刀，关键就在此，愿上天保佑我们！"

"真有这样的事？"虽然她心中疑信参半，但还是让布来福医生开了一次刀。冬天过去了，春天踵履而至。她遵守诺言，在波士顿城南来来回回，到布来福医生诊所敷药治疗。

来到波士顿的第二个夏天，安妮到医院等候布来福医生给她开刀。医生要她躺在床上几天，关照她"手术前要调和身心的安宁"。医生一再强调心理因素会左右开刀的成败。

"有什么好怕的？再坏也不过如此，我可不兴奋。"安妮已经有些麻木了，反倒是其他人颇为重视这次手术。医生常常进来量她的脉搏，拍拍她，安慰她。那位热心的年轻朋友买了一磅巧克力糖来看她，昨晚护士还送来两碟她爱吃的甜点呢！难道他们都没有先见之明，预料到这不过是一场空欢喜？

　　开刀的日子终于到来了，安妮被推进手术室，手上拿了一条湿巾的护士，突然闪到她旁边，俯视着她。

　　"做什么？"安妮惊骇地问。

　　"不要怕，没什么。"护士安抚她，"这是一种新型麻醉剂。放在鼻子上，你闻闻看，就像满园花香，是不是？"

　　护士将湿巾轻轻掩在安妮的脸上，她试图挣脱那条令人窒息的湿巾。是花香吗？不，那是一种令人眩晕害怕的怪异熏气，话到嘴边，她已颓然倒在床上，不省人事了。

　　当她醒过来时，手术已经结束了，她的双眼包了一层又一层厚厚的纱布，医生坐在她的身边，嘱咐她尽量少动，保持身心安宁，少讲话，让眼睛充分休息复元。

　　安妮答应遵守医生的嘱咐。好，暂且做个好女孩吧！反正再过几天，谜底就会揭晓的。等他来拆绷带，他就会看到一切如旧，瞎子仍然是瞎子。

　　无法逃避的时刻来到了，医生站在病床边，轻轻拉开周边的绷带，安妮听到他在说："剪开。"她感觉到剪刀锐利的撕裂声，直到最后的一层绷带脱落……

　　安妮惴惴地张开眼睛。"我看见你了。"她兴奋得大叫起来，几乎从床上滚了下来，她不由自主地绕着床，又叫又跳，绷带散落满地。"我看见窗子，我看见窗子的那一边！那儿有一条河，有一棵树，我看见你了，我可以看见……"

安妮伸出手来战战兢兢，不敢相信地自语："我能看见自己的手了。"

她欣喜若狂，但愿这不是一场梦！

1886年，20岁的安妮顺利毕业，作为学校的优秀毕业生，她还有机会上台讲话。那个暑假她是和义母霍布金太太一起度过的，但这次却不像以前那样无忧无虑。因为，暑假之后，义母就要回博金斯盲校继续当义工，自己已经从学校毕业了，该找点什么工作做呢？她想到饭店洗碗，但那里不收女工；她想到街上卖书，但又怕被狗咬。一想到工作的问题，她就坐立不安。转眼到了8月底，她接到了博金斯盲校校长阿纳诺斯先生的来信：

亲爱的安妮：

别来无恙？寄上凯勒先生的来信，请你仔细看一看，凯勒先生为他又聋又哑又盲的小女儿海伦寻求一位女家庭教师。你有兴趣应试吗？请来信告诉我。请代问霍布金太太好！

祝快乐！

你的朋友：阿纳诺斯

这样一封简短的信，改变了安妮和海伦的命运。

　　读完这封信，安妮喜忧参半，喜的是自己的工作终于有着落了，忧的是她并不熟悉这份工作，但这是她唯一可以糊口的工作了。第二天她便给阿纳诺斯校长回了信，表示愿意接受这份工作。

　　盲人的教育是特殊的，聋人的教育也是特殊的，盲聋哑的教育就更是特殊上的特殊了。为此，安妮做了半年的准备，认真学习研究了当年豪博士教育又聋又哑又盲的劳拉·布里奇曼的资料。学习的过程中，曾经那段失明的经历时时浮现在她的眼前，这让她对这份工作增加了些许不一样的感情。

　　在这半年里，海伦每天站在门廊上，细数每一个逝去的日子，傻傻地等待着老师的到来。她不知道未来等待她的会是怎样的新奇和惊异。未知的想象折磨着她，莫名其妙的脾气越发司空见惯。恼怒、委屈、巨大的失落感深深地笼罩着她。

第三章

命运之门

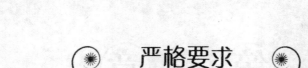

严格要求

　　终于，在家人出出进进的忙碌中，海伦意识到这个重大的日子来临了。1887年3月3日下午，在海伦妈妈的陪同下，沙莉文老师乘马车踏上了来海伦家的乡间小路。她顾不得欣赏沿途秀美的风景，怀着投身工作的迫切心情，急切地希望见到海伦。"到底是什么样的孩子呢？"一路上沙莉文在脑海里不停地想象着。

　　转眼间，到家了。凯勒先生早就守候在门口。顺着他所指的方向，沙莉文小姐终于看见了海伦。在门厅前的石阶阴暗的地方，站着一个小姑娘。小脸遮盖在葡萄藤叶里，肮脏的小手，握着一把藤叶，正在一点点地撕碎。

　　沙莉文小姐慢慢地朝她走过去，刚踏上台阶，海伦就感觉有陌生人朝她走来。是新来的老师！于是，她跑下台阶，伸开双手，扑在了老师的怀里。

　　眼前这个孩子面色红润，四肢健壮，简直就像一只脱缰的小马，浑身散发着热情的气息，根本不像以前见过的那些盲聋孩子面色苍白、弱不禁风。沙莉文老师不禁高兴地把海伦抱了起来。

第二天，沙莉文老师把海伦叫到房间来，送给她一个娃娃。这是博金斯学院的盲童让她带来的，劳拉·布里奇曼亲手给娃娃做了衣服穿上。为了教会海伦认知各种事物及其对应的单词，沙莉文老师决定就地取材。海伦玩了一会，她便慢慢地在海伦的手心里写了"娃娃"这个字。海伦马上对这种游戏产生了很大的兴趣，开始学着做。她虽然不知道自己写的是什么东西，但准确地写出这个字之后，还是激动得满脸通红，着急地跑到楼下，向全家人展示自己的成果。此后，她还机械地学会了很多字的拼写，其中有别针、帽子、杯子以及坐、站、走等。

　　一天，沙莉文小姐给海伦一个更大的洋娃娃，同时把以前那个小的洋娃娃放在她的膝上。然后，在她的手上写"娃娃"这个字，试图想让她明白不管是大洋娃娃还是小洋娃娃都叫做"娃娃"。但此时的海伦一点耐心都没有，因为当天的上午，她和沙莉文老师为"杯子"和"水"这两个字发生了争执。沙莉文老师想让她懂得"杯子"是"杯子"，"水"是"水"，而海伦则把两者混为一谈。于是，沙莉文老师希望用她已经掌握的"娃娃"这个词来帮助她区分。她抓起新洋娃娃就往地上使劲摔，似乎只有这样才能发泄内心的厌烦。实际上，在这么短的时间里，仅仅是这样机械地重复并没有让海伦真正明白每个东西都是有名字的，一切不过是新奇而已。

　　她的坏脾气和恶作剧也并没有因为沙莉文老师的到来而得到改变。有一天，母亲让她给楼上的沙莉文老师送东西，她便趁机把老师锁在了屋里，还把钥匙藏了起来。沙莉文小

姐最后不得不沿梯子从窗户爬出来。好几个月后，她才把钥匙交出来。

但沙莉文老师并没有因此而灰心，她在给亲人的信中说："我必须解决的问题，是既要规范和控制她的行为，又不能伤害她的心灵。我起初只能非常缓慢的，一点点地进行，并试图赢得她的爱。"

由于海伦的对抗，沙莉文老师和海伦起初的交流非常困难。吃饭的时候，海伦已经习惯了将手伸进别人的盘子里取自己想要的东西，而家里人也觉得这没有什么不可以的。但沙莉文老师觉得这是在纵容海伦的任性，她不允许海伦将手伸进自己的盘子里去取她想要的食物，一场较量开始了。海伦的手一伸进盘子，就会被沙莉文老师坚决地推开。海伦的家人不理解沙莉文老师的用意，父亲甚至生气地说："海伦还是个孩子！而且是个残疾的孩子，你就不能忍让一下吗？"沙莉文老师心里觉得有些委屈，但还是坚决地说："就因为她是一个残疾的孩子，才更不应该让她因为自己的残疾而特殊。如果这样纵容她，她永远都不会自立。"父亲不知道怎么回答，但还是愤然离去。随后，家人也都纷纷离开。

沙莉文老师趁机把房门锁上，继续用餐。一再受阻的海伦，最后干脆跪在地板上又踢又闹，使劲地推拉沙莉文老师的椅子。见沙莉文老师毫无反应，她便绕着桌子找自己的父母，却发现没有人在那儿，这使她感到迷惑。最后，可能是饿了，她坐下来吃早餐，但却用手。沙莉文老师给她一把勺子，却被她哗啦一声扔在地上。沙莉文老师对海伦的反应一点都没有退缩。自己的人生经历和博金斯盲人学校的学习经验使沙莉文老师深刻地认识到：绝对不能对盲人表示怜悯（mǐn），必须像一个正常人那样对待她，鼓励她自立自强。她捡起勺子再次放到海伦的手里，反复几次，海伦实在是拗不过老师，最后只好用勺子好好吃饭了。

父亲在外面听见里面乒乒乓乓的声音，心里七上八下，脸上青一阵白一阵的。善解人意的母亲看见便走上来说："我们既然把老师请来了，就听她的吧！而且她说的也都很有道理，我们不可能跟着海伦一辈子，还是让她学着自立。"听了母亲的话，父亲虽然有些无奈但还是默默地点了点头。

有了上次的冲突，之后几天，海伦变得越发蛮横。见此，沙莉文老师便提出与海伦单独生活一段时间的要求。母亲便安排她们住到了她们家附近的一个小木屋里。海伦离家的第一天，差不多全天都在踢打和号叫。沙莉文老师则坐在一边，静静地看着她，好像是在看海伦表演一样的心平气和、不理不睬。到了晚上，沙莉文老师让她睡觉，她还是不听。第二天早上，海伦不再吵闹，安静了许多。但那只不过是养精蓄锐，到第三天她便又开始加倍地大吵大闹，一副无法无天的样子。第四天又安静下来。这样翻来覆去几次下来，让沙莉文老师觉得疲惫不堪。可能是海伦也已经精疲力竭，渐渐地哭闹得没有以前那么凶，开始注意观察周围的动静，有时候还会学着老师的样子做一些事情了。这让沙莉文老师感到很惊喜，只要海伦一安静下来，便尽量地教给她一些有意思的事情。

改变性格

　　两周之后，奇迹终于发生了，她开始变成一个温柔的孩子，她愿意学习了。沙莉文老师每天和她待在一起，见到任何东西，沙莉文老师都会像以前一样写在她的手心里。慢慢地，她还学会了怎样缝衣服，做东西。她们一起到农场里去参观，或到鸡棚里找鸡蛋。

◎农场：接触西方文化，一个重要方面就是他们的农场，不同于我国的小农经济，西方国家通常以农场为经营单位，一个农场通常面积很大，使用雇佣工人，机器化程度很高，效益极好。对于农场主，有个形象的称呼叫农业资本家。

　　正如后来，沙莉文在自己的笔记里写道：今天早上我的心在快乐地歌唱，奇迹发生了！两星期前粗暴的小生命已经变成了温顺的小女孩。一天，海伦的父亲从窗外往里看，女儿正在穿一粒粒的珠子，一粒大的，两粒小的；一粒大的，两粒小的……小心翼翼，一丝不苟的样子，让父亲十分激动。他知道这都是沙莉文老师的功劳，这些日子沙莉文老师的努力，他都看在眼里，记在心里。他禁不住走进去，抱住海伦，对沙莉文老师说："谢谢你！沙莉文老师！请你原谅我！以后不管你怎么管教海伦，我都不会再反对的。我知道你是真心为她好！我们回家吧！"感觉到是父亲，海伦显得格外高兴，还拿起手中的珠子向他展示。看到父女俩幸福的样子，沙莉文老师轻轻地点了点头。

之后的一段时间，她们经常在外边散步。有一次，沙莉文老师听见有人在用水泵抽水，便把海伦带到水井房，把她的一只小手放在喷水口下，另一只手则一遍一遍地写着"水"。一股股清凉的井水流过海伦的手边，海伦恍然大悟，她终于明白了老师的意思：原来一切都是有名字的。

　　从对于"水"的认识起，海伦开始了对于光明、希望、快乐、自由和爱等字词的认识。这一天她学会了"父亲"、"母亲"、"妹妹"、"老师"等30多个字，这一天学的比以往五个星期学的还要多。到四月底她认识了100个以上的字，到五月中旬她学会了近400个字。海伦的灵魂像被唤醒了一般，每一个名字都会给她带来一种新的思想，身边每一样东西似乎都有了生命，让她惊喜。

　　海伦用一种全新的眼光重新体味生活，当她再次想起那个摔坏的洋娃娃时，她的眼里充满了泪水，内心充满了悔恨和悲伤。

　　九月份，海伦还学会了书写。她用盲文给博金斯学院的盲童们写了第一封信。信的内容是这样的：海伦要给小女盲童写一封信，海伦和老师要去看望小女盲童，她们要坐蒸汽车子到波士顿去，海伦和盲女孩要开心地玩。盲女孩能够用手指说话，海伦要看见阿纳诺斯先生，阿纳诺斯先生会亲吻海伦，海伦要和盲女孩一起上学。海伦会像盲女孩一样读书、数数、拼写、写字。米尔德里德不去波士顿，米尔德里德哭了，王子和大狗要到波士顿去，爸爸用枪猎野鸭子，野鸭子掉到水里，大狗和猫咪在水里游泳，用嘴把野鸭子带回给爸爸。海伦和狗一起玩，海伦和老师骑马，海伦用手给汉迪喂草，老师用鞭子打汉迪快走，海伦是盲人，她要把信放在寄给女盲童的信封里。

对于正常人而言，这样的信似乎有些可笑。但是，对于一个盲聋女孩来说，短短半年的时间就写出这样的信件不能不说是一个很大的进步。这一切归功于海伦的努力，但也离不开沙莉文老师的帮助。

海伦是沙莉文老师的第一个学生，也是她唯一的学生，她陪伴海伦走过了50多个春秋，在海伦身上倾注了大半生的精力。她用自己的真诚和爱心排解海伦人生道路上的一个又一个难题，直到生命的最后一刻。海伦在自传里提到沙莉文老师时，曾深情地写道："你是否曾经在海上遇见过浓雾，似乎被可以触摸得到的白色黑暗包围了起来，那条大船焦急而紧张地向海岸行驶，而你心脏狂跳、等待着什么事情的发生？在我的教育开始之前，我就像这条船，只不过我没有罗盘和测深绳，无法知道港口有多近。'光明！给我光明！'这是我灵魂的无声的呼唤，而就在那个时刻，爱的光亮照射到了我的身上。"

"我感觉到脚步走近，我把手伸向我以为是的妈妈。有人握住了它，我被那个来为我揭示一切事物的人，更为重要的是，来给我以爱的人，抱了起来，紧紧地搂在了怀里。"

耳朵听得见的人似乎不需要特别的努力就能够获得语言的能力，他们很容易理解和接受别人口中说出的话。然而，对于盲聋的海伦来说，这却是一个缓慢而又艰苦的过程，但好在结果是美妙的。掌握了通往语言的钥匙，海伦便迫不及待地想运用它。

起初，老师教给她一个新事物，她只能被动接受，不

会提出什么问题。但是随着词汇量的丰富，对事物认识的不断增加，她会提出很多有意思的问题，而且常常会围绕一个问题来提问，她越来越渴望深入地了解事物。学习新词的时候，过去的经历和感受也常常会出现在她的脑海里。

还记得，海伦第一次问起"爱"这个词的时候，内心的煎熬和喜悦让她一直难以忘怀。那时海伦识字还不多，她在花园里摘了几朵早开的紫罗兰，兴致勃勃地跑上前去送给老师。老师高兴得要亲吻她，但当时的海伦除了母亲之外，不愿意让别人亲吻她。于是，沙莉文老师用胳臂轻轻地搂住她，在她的手心里写下了"我爱海伦"！

"爱是什么？"海伦好奇地问道。

"爱在这里。"沙莉文老师一面把海伦拥在怀里，一面把她的手放在心脏上面。她第一次感到了心脏的跳动，但对老师的话依然无法理解。因为当时的她只了解那些实实在在的可以触摸的东西。她闻了闻手中的紫罗兰，半用手语半用字地问："爱是花香吗？"

"不是。"老师答道。

她又想了一会，温暖的阳光照耀着她。没有比太阳更美好的东西了，它的温暖使得万物蓬勃。海伦心想。

"爱是太阳！"她兴奋地回答道。

沙莉文老师再次摇了摇头，这让海伦疑惑而又失望。

但更为奇怪的是，为什么老师这次没有向她解释爱是什么呢？

两天后，海伦在做手工游戏，她把大小不等的珠子按照对称的方式穿串起来。两颗大的，三颗小的，还有一颗方形

的……这比起以前的花样复杂多了，海伦总也记不清它们，出了很多错。沙莉文老师在一边耐心地指导。最后，她发现有一种珠子经常出错。有那么一小段时间，她停了下来，好像是在想珠子到底应该怎样排列呢？我到底是在哪一步记错了呢？就在此时，沙莉文老师摸着她的额头，准确无误地着力写下了“想”这个字。像是灵光一闪，海伦猛然间明白，刚才在她的脑子里盘旋的那个过程就是“想”。这是她明白的第一个抽象概念。

很长时间，海伦一动不动，发现的震动让她开始了对于“爱”的思考。那天的太阳一整天都被阴云遮住，间或还下了几场阵雨，但是突然间骄阳冲出了云层，普照大地。她的心豁然开朗，摸索着询问老师：“爱是不是现在的太阳？”

“爱有点像太阳出来以前天空中的云彩。”沙莉文老师回答道。此时的海伦还不能完全明白这句话的意思。老师继续解释道：“虽然你摸不到天上的云彩，但是你感觉到了雨的存在。你也知道，娇嫩的花朵和干渴的土地在一天的酷晒之后能够得到雨水会是多么高兴呀！爱也是摸不着的，但是你却能感觉到它的存在所带来的甜蜜与温馨。如果没有爱，你就会觉得生活不快乐，玩起来也没有意思。”这个美丽的想法就这样突然出现在海伦的头脑里，让她一下子感到在她和其他人的灵魂之间伸展着无数丝丝缕缕爱的丝线。任何一个老师都可以把孩子领进课堂里去，但并不是每一个老师都能够让孩子高兴地去学习。

能够听得见、看得见的孩子可以在一个相对简短的时间内，学会日常交流中的各种习惯用语和表达方式。听得见的孩子从不断的重复和模仿中学会说话，看得见的孩子是从观察一个人脸上的神情来理解语义。他们听到的谈话刺激了他们的思维，使他们想到谈话的题目，引发他们将自己的思想自然而然地表达出来。但是，对于海伦而言，这种思想的自然交流是被剥夺了的。沙莉文老师意识到这一点，决心把海伦缺少的这种刺激还给她。从教育的一开始，沙莉文老师便像对正常孩子说话一样，不同的是用把那些话写在海伦手心里的方式。她尽可能地把她听到的逐字逐句重复给海伦听，并向她示意该怎样参与交谈。如果海伦不会那些可以表达思想所需要的词和句子时，她便及时地提供给她。她还常常对海伦谈话提出很多建议。但是，在恰当的时间找到恰当的词语还是需要很长的时间。

师生乐

在海伦学会了一些拼写之后，为了教会她阅读，沙莉文老师给了她一些字母凸出的薄纸板，并告诉她每一个凸出的字都代表一件物体、一个动作和一种特性。此外，还为她准备了一个可以把这些字排成一个个短句子的小框子。但是在准确地把这些字排成句子放进框子之前，海伦还是喜欢用实物来表示。比如，这里有写着"娃娃"、"是"、"在上面"、"床"这几个字的薄纸板，她便会把"娃娃"放在自己的洋娃娃身上，然后把她抱到床上，再把"是"、"在上面"放到娃娃的身边，这样就做成了一个句子。

有一天，沙莉文老师让海伦把"女孩"这个词别在围裙上，站在衣柜里。然后，她又把"是""在里面""衣柜"这几个词放在了框架上，然后让海伦试着说一些完整的句子。这样的玩法让海伦既新奇又兴奋，再也没有比这种游戏方法更能让海伦开心的了，她们一玩就是几个小时，常常会把屋子里所有的东西都按照次序排列起来。

　　或许是自己失明的经历，或许是长期与盲人交往的结果，沙莉文老师对海伦的欢乐和愿望有着奇特的感应能力。她喜欢用一些美妙的诗歌来说明她教的一切。只要是海伦感兴趣的东西，她就会像个孩子般兴致勃勃地和她谈论。她有着极简洁活泼的表达能力，常常是一点点地引进枯燥复杂的用语，使得海伦没法不记得她所教的东西。她们在一起学习，总像是在玩耍。就连那些让孩子头疼的语法、算术、定义，甚至是植物学动物学那些抽象难懂的课程，海伦学起来都会觉得津津有味。

　　一次，一位好心的先生送给海伦一些化石，其中有美丽花纹的贝壳化石、有鸟抓印的沙岩以及蕨类植物化石等。这些奇妙的化石刺激了海伦了解远古世界的好奇心。她满怀恐惧和兴奋地倾听沙莉文老师讲那些可怕的野兽，它们在原始森林里游荡，撕毁大树的枝叶当做食物，最后默默地死在那年代久远的沼泽地里形成化石。很长一段时间，海伦老是在梦里遇见它们。它们的名字是那么古怪而又难听，随着对这些化石故事的熟知，海伦也对那个阴暗可怕的地质时期有了一些了解。

　　还有一次，有人送海伦一些美丽的贝壳，沙莉文老师便

给她讲这些小小的软体动物是怎样给自己建造了五彩斑斓的房子。水波不兴的静谧夜晚，鹦鹉螺是如何乘着它的"珍珠船"泛舟在蔚蓝的印度洋上。这些都让海伦着迷。后来，沙莉文老师还送给她一本名叫《驮着房子的鹦鹉螺》的书，海伦就此了解了更多软体动物的造壳过程。慢慢地她领悟到：人类智慧的发展如同鹦鹉螺奇妙的套膜把海水中的物质，转化为自己生命的一部分，化成一颗颗思想的珍珠。沙莉文老师对海伦能有这样的领悟大加赞赏，毫不吝啬地表扬了她。这使得海伦学习的劲头更足了。

大自然的恩泽

从植物的生长上，海伦也学到了很多有趣的东西。沙莉文老师曾为她买过一株百合花，海伦很喜欢，把它放在阳光灿烂的窗台上。每天她都要去了解它的生长状况。不久，她发现一朵朵尖尖的、绿绿的花蕾伸展出来，包在外面绿绿的叶子像是少女的纤纤玉指，托住自己含羞的脸庞，缓缓绽放。可一旦开了头，叶子张开的速度就加快了，花儿便落落大方地出现在了面前。花开的时候，海伦总是特别高兴。最为神奇的是，海伦还发现在这其中有一朵最大最美丽的，好像生来就知道自己是百花之王，在花蕾里就显得与众不同，柔软的光滑的外衣包不住她的雍容华贵。在她一枝独秀的惊艳之后，姐妹们才会次第登场，怒放枝头，芳香袭人。

在摆满花盆的窗台上，还放着一个球形的玻璃鱼缸，

里面有11只小蝌蚪。海伦很喜欢把手放进去，感受它们在指间自由自在地穿梭。一天，一个大胆的家伙竟然跳了出来，等海伦发现的时候它已经奄奄一息。海伦小心地把它放回水里，它迅速潜到水底，快活地游了起来。它曾经跳出了鱼缸，见过世面，现在它心甘情愿地回到鱼缸里，等待变成神气活现的青蛙的那天。它将徜徉在绿树成荫的池塘里，用自己优雅的情歌装点夏夜的情调。海伦的心里遐想联翩，安静而又惬意。

当雏菊花开的时候，沙莉文老师就会牵着海伦的小手走过正准备播种的田野，来到田纳西河的岸边。在那里，在绿油油的草地上，讲述太阳和雨水如何使一株幼苗长成参天大树；鸟儿如何筑巢，如何在大地上繁衍生息；松鼠、鹿、狮子和其他可爱的动物如何寻找食物和住所。与大自然亲密接触的时间越多，海伦就越发地感到世界的美好和大自然的伟大。从那粗壮的树木、细嫩的草叶、还有妹妹那柔软的小手上，海伦得到了美的享受。

一个明朗的早晨，海伦和沙莉文老师散步到较远的地方。回家的路上，天气闷热难挡，她们便在离家不远的一棵野樱桃树下小憩（qì）。这棵樱桃树枝叶茂盛又好攀登，沙莉文老师用手一托，海伦便上了树，在一个枝丫上坐了下来，这里可真是凉快啊！海伦高兴地一直向树下的老师挥手，于是，沙莉文老师便提议在这里吃午饭。这下可把海伦乐坏了，一个人老老实实地坐在树上。等老师把饭拿回来。可是突然间，风云大作，太阳的温暖消失了，泥土散发出一股怪味。海伦知道这是暴风雨前的前兆，心里有些惶恐。一

阵沉寂之后，树叶哗哗作响，强风似乎要把这棵小树连根拔起。海伦吓得抱紧树干，生怕被大风刮跑。落叶和折断的小树枝不断打在海伦的身上，不可名状的恐惧包围着她，一种同亲人分离、同大地决裂的孤独感油然而生。她想从树上跳下来，却又感到大地也在震动，这种震动自下而上传到海伦坐的树干上。她惊恐万分，心里渴望着沙莉文老师的到来。正在她要放声大哭的时候，沙莉文老师抓住了她的手，将她扶了下来。海伦紧紧地抱住老师，如获得新生般悲喜交加。

经历了这次历险之后，海伦明白了一个道理：大自然有亲切可爱的一面，但在温柔美丽的外表下也藏着凶险的一面！很长一段时间海伦都不敢爬树，甚至一想到树都浑身发抖。

直到有一天，海伦抵挡不住繁花的诱惑，才克服了这种恐惧心理。

那是春天一个美丽的早晨，海伦独自一个人坐在凉亭里看书，一股淡淡的清香若有若无，仿佛春姑娘萦绕身旁。海伦分辨出这是花园尽头含羞树的花香。她情不自禁地决定去看看。穿亭而过，篱边小路的拐弯处，含羞树的花朵在阳光下飞舞。开满花朵的树枝几乎垂到草地上，轻轻一碰就会纷纷落下，花雨般的轻柔美丽。海伦穿过这花瓣雨，走到大树跟前，愣了一下，便两手抓住枝干，两脚伸进枝杈的空处往上爬。树干很粗，她的手被划破了，但心里却有一种奇妙的感觉。她继续往上爬，坐到了一个舒适的位置上。那是很久以前别人造的一个小椅子，天长日久，便成了树的一部分。她在上边待了好久，像一个凌空散花的仙女。

从此之后，她经常到这里玩耍，遐思冥想，遨游在自己

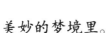

美妙的梦境里。

有时候，天刚刚亮，她就悄悄溜进花园，晨雾笼罩着花草，湿漉漉的泥土夹杂着花草香味沁人心脾。她把漂亮的玫瑰花轻轻地握在手心里，娇嫩的花瓣楚楚动人。芳香四溢的百合花在徐徐的晨风中摇曳多姿。采摘鲜花的时候，常常一下子就会抓到花里的昆虫，它们奋力挣扎、振翅欲飞，发出的细微振动让海伦兴奋不已。她还喜欢去果园。微风吹过，熟透了的苹果滚落在地。她把落在脚旁的苹果捡起来，用围裙兜着。休息的时候，她总是喜欢把苹果贴在脸上，体味苹果的芳香和太阳的温度。桃子成熟的时候，一伸手，毛茸茸的大桃子常常会自然地垂到她的手中。这种感觉真是奇妙极了！她常常快乐地跳跃着回家！看到兴致勃勃的海伦，沙莉文老师便把课堂搬到了露天，大自然成了她们最好的课堂。

坐在浓郁的树荫下，身边的一切都给她以启迪，成了海伦学习的对象。那些呱呱作响的青蛙、低声鸣叫的蟋蟀、婉转歌唱的小鸟都常常被她捉住，握在手心里，静静地感受它们鸣叫时的振动。微风吹过，她还能感受到玉米叶子碰撞发出的飒飒声响。还有那毛茸茸的小鸡、绽放的野花、柔软的纤维和毛绒棉籽，这些都给海伦带来了无限的快乐。她和沙莉文老师还常常抓住草地上吃草的小马，它愤怒的挣扎和嘴里发出的青草气息，深深地留在了海伦的记忆里。

沙莉文老师喜欢带她到凯勒码头，那是田纳西河边一个荒芜破败的码头，是南北战争时为部队登陆而修建的。她们在那里一待就是几个小时，边玩边学习地理知识。她们用鹅

卵石造堤、建岛、筑湖、开河，虽是玩乐，却在不知不觉中上了一课。沙莉文老师还喜欢给她讲地球上的火山、被埋在地下的城市、不断移动的冰河。为了帮助海伦理解，沙莉文老师用粘土给她做了立体的地图，她可以摸到凸起的山脊、凹陷的山谷和蜿蜒曲折的河流。海伦非常喜欢这些东西，却还是分不清赤道和两极。于是，沙莉文老师便用一根根丝线代表经纬线，用一根树枝表示贯穿南北两极的地轴。这是那么的形象，以致于后来只要一提到气温带，海伦的脑子里就会浮现出一连串丝线编织成的圆圈圈。

社会的关爱

日子过得很快，转眼就要过圣诞节了。这是沙莉文老师到土斯坎比亚后的第一个圣诞节，家里的准备是空前的。今年的海伦已经不是那个跟在家人身边跑前跑后、碍手碍脚的调皮孩子了，她变得既乖巧又听话。看到海伦的变化，家里人无不感到欣慰。这个圣诞节家里人特意为她准备了比往年更加精美的礼物。当然，小海伦也和沙莉文老师给家里每一个人都精心准备了礼物。围绕礼物的神秘气氛，家里人尽量用暗示、拼写一半、假装句子被打断等一切可以想到的方式来激起海伦的好奇心，让她来猜测他们的礼物到底是什么。于是，沙莉文老师便教她做起了猜词游戏。这让海伦开心不已。每天晚上，她都和家里人一起坐在暖烘烘的火炉旁边玩这个游戏。随着圣诞节的临近，这样的游戏也越来越令人激动。从中，小海伦也学到了比任何语言教程都多得多的语言知识。

圣诞节前的一个星期，海伦收到了土斯坎比亚小学的邀请信。他们邀请她参加学校圣诞树的点灯仪式。"这还是第一次有人邀请我一起过圣诞节呢！"海伦高兴地想。她迫不及待地把这个好消息告诉了老师。圣诞节前夜，她穿上了自己最漂亮的法兰绒大衣，戴上鲜艳的手套和围巾，随沙莉文老师去了土斯坎比亚小学。学校的老师和孩子们都知道，自从沙莉文老师去了之后，海伦在各个方面都取得了很大的进步。她不仅会读盲文，而且还能写出优美的信，甚至还知道了许多很有趣的故事。他们都很佩服海伦和她的老师。海伦的到来，得到了孩子们热情的欢迎。另外，学校教室的中心还有一株美丽的圣诞树，枝杈上缀满了各种各样奇异的果子，在柔和的灯光下，闪烁着绿色的光亮。当沙莉文老师把这些描述给海伦的时候，她高兴得和孩子们围着圣诞树欢呼雀跃。

后来，校长宣布，凡是来这里过圣诞节的人都可以得到一件礼物，礼物由海伦分发。海伦高兴地接受了这项使命，兴奋得甚至都来不及拆看自己的礼物。她知道这些礼物都不是家里人暗示的东西。因为沙莉文老师跟她说：家里的那些礼物要比这些有意思得多呢！她多么希望圣诞节马上到来啊！但老师还是让她先满足于手头上的礼物，耐心地等待着明天的到来。

夜里，她把长袜子挂好，安安静静地躺在床上，却翻来覆去地睡不着。她想知道圣诞老人什么时候来，带些什

◎长袜子：类似于中国的压岁钱，西方国家流行在圣诞节给孩子礼物，孩子在平安夜睡前，准备一个袜子，挂在床前，当他们醒来后袜子里装满了礼物。这些礼物被说成是圣诞老人从烟囱里钻下来，然后放进里面的。

么礼物呢？她睁大了眼睛，时时保持着警觉。最后实在是困得不行，她抱着洋娃娃和白熊睡着了。

第二天早上，她早早地醒来，在家里每一个人的手心里写"圣诞快乐"！她不仅在袜子里得到了新奇的礼物，桌子上、椅子上、窗台上和门口旁，几乎所有她经过的地方，都有让她意想不到的礼物。当沙莉文老师把一只小金丝雀递给她的时候，她高兴得手舞足蹈，她觉得这的确是这个圣诞节让她最意外的礼物。

她给这只金丝雀取名叫"蒂姆"。小蒂姆可爱又听话，经常会跳到海伦的手上，在她的手心里吃东西。按照沙莉文老师教给她的喂养方式，海伦每天早餐后都会给它洗澡，把它的笼子收拾得干干净净，还给它放上新鲜的草籽和干净的井水。可是有一次，当海伦把鸟笼放在窗台上，出去打水给它洗澡的时候，蒂姆被一只可恶的猫叼走了。这让海伦好一阵伤心。

就这样，海伦不断地从大自然和生活中汲（jí）取知识，时时体会着爱、喜悦、幸福和发现人生乐趣。是沙莉文老师为她黑暗的生活打开了另一扇门，让她在大自然的怀抱里自由驰骋，在知识的海洋里肆意遨游，让她体会和正常人一样的生活和学习经历。

第四章

求学之路

- ◆ 前往波士顿
- ◆ 学会说话
- ◆ "《冰霜王》事件"
- ◆ 融入社会
- ◆ 学会唇读

海伦·凯勒
HAI LUN KAI LE

前往波士顿

　　沙莉文老师在教育海伦的这一年当中，一直保持着与博金斯盲人学院的老校长阿纳诺斯先生的通信。在信中，她不但与老校长分享海伦点滴进步的喜悦，而且还会讨论一些更适合海伦的教育方法。海伦在短短一年的时间里便取得这样大的进步，与他们之间的默契交流和讨论是分不开的。

　　一年过后，根据海伦的学习现状，沙莉文老师经过深思熟虑，便向凯勒先生和太太提出建议，决定送海伦去盲人学校学习。这让凯勒夫妇既欣慰又难过。欣慰的是海伦在这么短的时间内取得了这样大的进步，难过的是海伦要去那么远的地方学习。因为波士顿在美国的东北部，而海伦的家却在东南部。最后，他们还是决定听从沙莉文老师的建议，但提出了这样一个条件：希望沙莉文老师跟随海伦继续做她的家庭教师。

　　这让沙莉文老师有一些为难，毕竟她还那么年轻，而且口才极好、文笔优美，她的梦想是成为一名成功的作家。如果答应继续做海伦的老师，那么可能一生都会跟海伦生活在一起，就不会有那么多精力写作了。怎样的人生才更有意义呢？她一时间难以抉择，好几个晚上都没有合眼。

　　海伦不知道老师内心的矛盾，她理所当然地认为老师会陪她一起去波士顿。她每天都沉浸在即将远行的兴奋中，一有空便禁不住咿咿呀呀地向老师描述自己上次随父亲远行的美好经历，连做梦都是在远行的火车上。梦里醒来，她总会

兴奋地跑到沙莉文老师的床边，轻轻地俯下头亲吻老师的脸庞，并用手势告诉老师："老师我真的非常非常爱您！"

看到海伦对自己如此的依赖和信任，这让沙莉文老师很感动。她想：海伦是一个有潜质的孩子，如果发展顺利，将来肯定会成为一个了不起的人。但是，如果在海伦对未来充满了这样热切的渴望时离开，让她一个人去适应陌生的环境，肯定会影响她的发展甚至会影响到她的一生。再加上这么长时间的相处，也让沙莉文老师对海伦有着万分的不舍。

"教育好海伦，难道不算是一种人生价值吗？"她转念一想，最后终于下定决心，继续陪伴海伦。此时的她还没有意识到，这样的决定将成为她一生的付出。海伦正是因为有了她的帮助，才取得了那些令世人瞩目的伟大成就。

1888年5月，海伦和沙莉文老师以及自己的母亲登上了开往波士顿的火车，这次远行被海伦认为是一生中最重要的事情，从此她开始接受正规的教育，拉开了改变自己人生命运的大幕。

这次的海伦和上次随父亲前往巴尔的摩旅行有了很大不同，她变得非常的老实，安安静静地坐在老师的身边，认认真真地"听"老师给她讲车窗外的美景：美丽的田纳西河，无垠的棉田，山丘和树林，车站上欢笑的大群黑人，他们向火车里的乘客招手，通过车窗向火车里送好吃的糖果和爆玉米花。这些都是海伦以前不曾知道的，那么多的新奇和未知让她的好伙伴洋娃娃南茜都受到了冷落，偶尔休息的时候她才会抱起它。她对波士顿的向往和期待随着火车的前进变得越发强烈。

波士顿是美国最古老的城市，马萨诸塞州的首府。它濒（bīn）临浩瀚的大西洋，是优良的海港城市。波士顿的教育事业在美国也是首屈一指的，这里学府林立，被誉为世界科技教育与研究的重镇。1635年，当早期的拓荒者还在披荆斩棘的时候，北美最早的拉丁语学校便在此诞生。著名的学府如哈佛大学、麻省理工学院、波士顿大学、东北大学等，专业院校有波士顿音乐学校、马萨诸塞大学等。当然，从事特殊教育的贺拉斯曼聋哑学校、马萨诸塞盲校也是很有特色的。各级政府每年都拨出大笔款项支持教育事业发展。

　　火车终于进站了，她们到达了波士顿。一下车，小海伦就喜欢上了这个历史悠久、风景优美、文化氛围浓厚的地方。天性活泼的她，对什么都充满了好奇和期待，兴奋地跟在沙莉文老师和母亲旁边跑来跑去。

　　在波士顿期间，沙莉文老师还陪着海伦和她的母亲参观了邦克山，在那里给她上了一堂有意义的历史课。"邦克山是美国独立战争最初的战场，为了捍卫独立和尊严，曾经有几百名爱国者在这里流血

> ◎美国独立战争（1775—1783年）：由于英国对北美殖民地的压迫与掠夺，殖民地的白人移民开始反抗，最终爆发了战争，起初双方兵力悬殊，但华盛顿领导的殖民地军民顽强不屈，并争取到了法国的支持，最终赢得了独立。

牺牲……"听着沙莉文老师生动的讲解，海伦不知不觉地就登上了山。站在山顶，想象着当年英雄们是怎样居高临下向敌人射击，她内心激动万分。

　　第二天，她们准备乘船去著名的普利茅斯。"1620年，

102名受压制的清教徒，乘着那艘三桅木帆船前往新大陆。他们相约在新世界建立一个信仰自由、人人平等的新家园。经历了千辛万苦之后，他们终于抵达北美海岸，在今天的波士顿附近建立了移民部落，揭开了美国独立前历史的第一章，'五月花'起航的地方就是普利茅斯。那里刻有纪念石碑，很多的美国游客喜欢到那里寻根探胜……"

沙莉文老师曾经给她讲过很多关于那段历史的故事，这些故事久久地在她脑子里盘旋。一位慈祥的绅士在清教徒移民会所曾经送给她一个普利茅斯巨岩的小模型，她常常拿在手里玩，仔细摸它弯曲的轮廓、岩石中间的裂缝和上面的浮雕数字"1620"。她多么想亲手去摸一下清教徒前辈们登陆的那块巨型岩石，那样会让她的感觉更加真实。现在这些心愿马上就要实现了。

一大早，她们便起程了，这是海伦第一次坐船，也是第一次海上航行。感觉到机器的轰鸣，海伦哭了，因为她以为是在打雷，那样的话她们就不能参观了，连准备好的露天野餐也得取消，这让她很不高兴。沙莉文老师明白她的意思，便向她解释那只不过是机器运转的声音，这才让她安静下来。

到了普利茅斯，海伦反复思考着她所知道的一切关于清教徒前辈移民的故事。虽然，多年以后，当她了解他们的迫害行径之后，海伦感到极度的惊奇和失望，但此时的海伦觉得：他们是在陌生的土地上寻找家园的人中最为勇敢宽厚的一群，他们是自己以及全人类勇敢和自由的代言人，他们给自己的国家带来了勇气和力量，这让她童稚的心激情澎湃。

看到海伦如此高兴，沙莉文老师照顾得又那么细心，凯

勒太太便放心地回家了。

在博金斯学院里，海伦第一次接触到最早受到成功教育的聋哑盲人之一劳拉·布里奇曼，对于这次会面海伦充满了期待，因为她一直是母亲教育自己的榜样。劳拉和海伦一样是个盲聋孩子，两岁零两个月的时候，她患上了一种叫猩红热的病。无情的病魔一下子夺去了她的听觉、视觉、味觉和嗅觉，把她推进了黑暗无声的深渊。8岁的时候，豪博士把她带到了博金斯盲人学校，用自己研究的特殊的盲文手语教育劳拉，从而奇迹般地改变了她的命运。

聋哑手语是专门为聋哑人创造的一种语言，好让他们利用手势代替语言交流，但是像劳拉这样失明的人，根本看不见手势。于是，豪博士就想到了另一个方法，当他在打手语的时候，便把小劳拉叫到自己的身边，让她感觉他手指的变化，以此让劳拉领会不同的手势代表不同的意思。经过他的努力，劳拉学会了许多单词，甚至能够与人交流。

1842年狄更斯参观该校，写文章热情地称赞了该教育的成功，引起社会的广泛关注。

沙莉文在博金斯盲校读书的时候，就和劳拉是好朋友。她们俩住在一间屋里，劳拉还是沙莉文的第一个手语老师。当年沙莉文决定去土斯坎比亚教一个又聋又哑又盲的小女孩的时候，劳拉很高兴，她还曾经建议沙莉文说："不要因为她生理上的残缺就什么事都顺着她，这样会让她变得很任性，一定要严格要求。"

当沙莉文带着海伦去看她的时候，她已将近60岁了。两个好朋友好久没见了，但是一握手劳拉就知道是沙莉文来了，她们高兴地拥抱在了一起。同时，她还亲吻了身旁的小海伦。

常常听母亲和沙莉文老师提起劳拉，今天终于"见面"了。她到底是什么样子呢？海伦非常好奇，伸出手想摸一下她的脸。海伦刚伸手，才刚触到她的脸，便被劳拉推开了，她示意海伦："在初次与一位女士见面的时候，绝对不能这么随便。"

海伦对这突如其来的拒绝有点不知所措，便随手拿起劳拉正在编织的花边，可是，劳拉很快便把花边拿了回去，用手语告诉她："你的手恐怕不是很干净吧！"再次挨训的海伦很不高兴，就一屁股坐在地板上发起脾气来。可让她实在没有想到的是劳拉一把就把她拽了起来，很不客气地教训她："穿这么漂亮的衣服怎么能这样随便地坐在地板上呢？你这孩子可真是没有教养。"

告别的时候，海伦吻别劳拉，可是一不小心踩到了她的脚，又是一顿训斥。旁边的沙莉文老师，只能无奈地笑笑。对于这次不愉快的会面，海伦后来回忆道："在我看来，她好像是我在花园里摸过的一尊雕像。她身体动都不动，双手冰凉，像长在阴凉地里的花朵。"

虽然劳拉是豪博士精心培养出来的学生，也曾为盲哑人教育做出了很多贡献，但是，她却没有很好地适应外边的世界，宁愿一个人坐在房间里做手工，也不愿意出去接触一些新的事物。豪博士也曾经表示：劳拉是个很要强的人，常常喜欢封闭自己，不容易相处。在这一点上，她与海伦形成了鲜明的对比。

海伦·凯勒
HAI LUN KAI LE

　　海伦有着热情开朗的个性，她对一切都充满了兴趣。而且她很喜欢交朋友，在博金斯盲人学校，她很快便跟那里的盲童成为好朋友。她们可以自如地用手语交流，这尤其让她感到高兴。因为以前除了家人，大多数人都看不懂她的手语。与别人交谈，总是需要别人的翻译。然而，在这里她像一个外国人终于回到了自己的国家，可以自如地和身边的人进行交流，她高兴得不得了。

　　可是，当她充分认识到这里的孩子跟她一样都是盲童的时候，心里很难过。虽然沙莉文老师早就告诉过她这里的孩子跟她一样都是盲童，但是一想到那些跟她一起尽情嬉戏的天真活泼的孩子都跟自己一样生活在黑暗的世界里，她的心理上一时还是很难接受。不过，学习和游戏带来的满足和快乐，让她很快淡忘了这种不愉快。

　　在波士顿，海伦也认识了很多的好朋友。她常常说波士顿是一个"好心的城市"，但每次说起来最先想到的还是她的这些好朋友。其中，威廉·恩迪科特先生和他的女儿便是其中之一。

　　他们常常邀请海伦和沙莉文老师到他们贝弗利庄园的家宅做客，那里有漂亮的玫瑰园，还有很多可爱的小狗，每次海伦去，它们都会跑出来迎接她，亲昵地用鼻子拱海伦的小手。

　　恩迪科特先生的家靠近海边，他喜欢带海伦到沙滩上玩，这里是那种平滑坚硬的沙粒，和布鲁斯特那种掺杂着海草和贝壳的松散的尖颗粒沙子很不一样。他还告诉海伦从波士顿开往欧洲的大船都要经过这里。海伦每次来这里都会玩得很开心。

日子过得真快呀，转眼之间，博金斯学院就要放暑假了。学校安排海伦到科德角的布鲁斯特——她们的好朋友霍普金斯夫人的海滨别墅度假。听到这个消息，海伦高兴得好几天都睡不好觉。因为海伦出生在一个内陆小镇，从来没有呼吸过一丝带咸味的海风，自打上次普利茅斯之行之后，她便深深地爱上了大海。有机会跟大海有这样的亲密接触，该是多么幸福的事情啊！况且沙莉文老师早就答应要教她游泳。

　　那天终于到来了，刚刚换上游泳衣，海伦便把沙莉文老师甩在身后，迫不及待地跑到温暖的海滩上，一头扎进水里。海浪拍打着她，她游荡在大海中，海水的浮力让她有种飘飘然的感觉。但是突然间，好像失去了重心，她被吞没在海水里，兴奋转

变为恐惧，她想伸手抓住什么，想让沙莉文老师过来帮帮自己，但层层的海浪却一次次将她淹没。就在她感到绝望的时候，一双温柔的手抱住了她，是沙莉文老师！没有什么比老师的怀抱更让她感觉安全和温暖了，她趴在老师的怀里好久没有下来。但回过神来之后，她的第一个问题却是："是谁把盐放在海里的呢？"

　　有了上次的经历之后，小海伦再也不敢轻易下海了，但

海伦·凯勒
HAI LUN KAI LE

她还是很喜欢到海边玩。

海浪拍打着岸边的岩石，撞击的水花像濛濛细雨般落在她的身上。浪花冲击岩石的震动让她觉得身边的岩石也在颤抖，连空气都好像在有节奏地跳动，这样的感觉实在是太奇妙了！有时候，沙莉文老师还会带着她到浅海里去捡一些贝壳、卵石、海藻等东西。这让海伦很着迷。有一次，她发现了一只把房子背在背上的怪家伙，老师告诉她那是一只巨大的珍珠蟹。海伦很喜欢，决定把这个大家伙变成自己的宠物。她费了好大的劲才把它拉回家，然后缠着老师把它放在了一个很深的水槽里，心里暗自得意地想：这下你可跑不掉了！

但是，第二天一早，她便发现珍珠蟹不见了，可能是又回到海里了吧！这让她好一阵失望。但是自己把它从它的家里带走也是不对的，或许它现在已经回到了自己的家里，想到这里，她便高兴了。

或许是用眼过度的原因，本来视力就不好的沙莉文老师在度假期间视力越来越差，有时候甚至看不清任何东西，这让沙莉文老师十分害怕。海伦深切地理解失明的痛苦，她恳切地请求沙莉文老师去治疗。霍普金斯太太也保证一定照看好海伦，沙莉文老师这才决定动身回波士顿。霍普金斯没有辜负对沙莉文老师的承诺，每天陪海伦尽情玩耍，睡觉的时候，她还会给海伦讲各种各样的童话。

这些童话太有意思了，常常会不经意地钻到她的梦里去。早上醒来，海伦都分不清是在童话故事里还是在现实生活中。

或许是不想给霍普金斯太太添太多的麻烦；或许是不

放心把海伦一个人留在霍普金斯太太家里，沙莉文老师看完病之后就立即从波士顿赶回了布鲁斯特。她还特地给海伦带回了一本有意思的儿童故事书《方特勒罗伊小爵爷》作为礼物。

海伦高兴地迎接了沙莉文的归来，像迎接久别重逢的亲人。沙莉文老师把她紧紧地抱在了怀里，眼眶都湿润了。

第二天，她们便带着那本书来到了离家不远的松树林里。温暖的阳光照耀着松林，地上落满了松针，淡淡的松树清香若有若无，远处吹来的海风温和又潮湿，活泼的蚱蜢跳得格外起劲儿，一不小心就会碰在海伦的身上。

沙莉文老师给海伦讲了一些有关《方特勒罗伊小爵爷》的故事背景，并大概给她讲了一下这个故事，然后就一点点地读给她听，海伦一下子就被这个故事吸引了。她还从来没有听过这么有意思的故事，多年以后当她回忆起这段时间的时候，她就曾指出："读《方特勒罗伊小爵爷》是我真正对书本产生兴趣的开端。"她不仅喜欢这个故事，而且也很喜欢那片小树林。海滨假日剩下的日子，她几乎都是在这里度过的。

秋天到了，海伦回到南方老家。回忆这次北方之行，像打开了一个奇异的宝盒，那些美好的经历像奇妙的玩具精灵一样一下子出现在她的面前。她不但去了那么多以前没有去过的地方，而且还认识了那么多人。她们通过在她的手上拼写和她交流，她知道了别人的想法，而且也让别人准确地理解她的意思。这是多么棒的事情啊！她好像在黑暗的世界里看见了光亮，那可是思想的火花啊！她的生活从此变得不同！

接下来几个月，她将和自己的家人在离家不远的度假别墅度过。别墅在离土斯坎比亚约14英里的山上，那个地方被叫做费恩采石场，因为附近有一座早已废弃的石灰岩采石场。

山上长着茂密的树林，这里有巨大的栎树和粗壮的松树，各种各样的青藤垂挂在大树的树杈上。山上岩石中流出的水形成三条欢快的小溪，遇上要阻挡它们的大石头，它们就变成小瀑布一泻而下。空地上长满了绿色的植物，完全盖住了石灰石。有些地方，还会有一些野生的葡萄藤，它们从这棵树爬到那棵树上，形成一个巨大的葡萄架，蜜蜂和蝴蝶嗡嗡地穿梭其间。漫步其间，清新芳香的气息总会让人心情舒畅。

山顶上松树林中的那座房子就是海伦家的别墅。别墅中间有一条长长的露天走廊，走廊两旁则是一些小房子。房子四周是一个宽大的阳台，这里是她们工作、吃饭和玩耍的地方。

海伦的爸爸是个狩猎迷，他有很多的猎友，经常到这里来拜访。他们白天打猎，晚上就会在篝火旁玩牌、聊天打发时间。他们最喜欢讲的就是捕猎时的惊险故事，比如他们是怎么样抓住狡猾的狐狸，怎样骗过机灵的负鼠，怎样追上跑得最快的野鹿等。

他们每次讲起来都好像刚从猎场上回来般生动真实，直到大家以为他们个个都是了不起的捕猎能手。可是第二天，猎人们回来时，却总是两手空空，尽管他们看上去都是一副大汗淋漓、疲惫不堪的样子。

海伦在这里还得到了一匹自己的小马，她把它叫做"黑美人"。因为她刚刚读过一本叫这个名字的书。它跟书里的

小马长得很像，除了前额上有一片星形的白毛外，它浑身上下都是光滑的黑色皮毛。海伦非常喜欢它，常常骑着它出来散步。

在黑美人比较听话的时候，沙莉文老师就会放开手里的缰绳，让小马自己散散步。它便会在草丛里吃吃草、啃啃够得着的树叶子，但总会在离海伦不远的地方。这让海伦很得意。

如果不带小马出来，海伦就会和沙莉文老师在树林里随性漫步，故意去一些没有去过的地方，让自己迷失在树林里。其实树林里除了奶牛和马踏出的一些模模糊糊的小路外，根本就没有什么路。几株灌木、一堆青藤常常就会拦住她们的去路，只好绕道而行。可是，每次回来她们都会有很多收获。一大把月桂、菊黄花、羊齿植物还有那在南方才生长的漂亮的沼泽花朵。有时候，海伦还会跟自己的表弟妹们到树林里去摘果子。在这里他们可能会捡到柿子、栗子还有核桃等各种各样的山果。

海伦不喜欢吃柿子，却喜欢闻柿子的香味，更喜欢在落叶和草里跑来跑去找柿子。海伦还喜欢剥栗子皮儿，或者砸开山核桃坚硬的外壳，这些她都干得非常开心。别墅的山脚下有一条铁路，火车经过时发出震耳的长鸣，总会把孩子们吓跑。

在离铁路不远的地方有一座高架桥，下面是一个很深的峡谷，桥上枕木的距离很宽而且非常狭窄，走在上面就像走在刀刃上，不管走过的还是没走过的人提起这里总会皱眉头。海伦早就知道有这样一个惊险的地方，虽然很好奇，却从来没有想去尝试的意思。直到有一天，她们在森林里迷了

路，转了好长时间也没有走出来。天马上就要黑了，"高架桥就在前面！"表妹兴奋地喊道。这是她们唯一的出路了，虽然海伦很不想从那里回家，但是找不到别的出路，只能冒险一试了。

刚踩上去的时候，海伦并没有觉得有多害怕，她小心翼翼地一步一步挪动，一切还算顺利。可是突然间，一阵凄厉的火车鸣叫，震得高架桥晃个不停，好像随时会把她抛到下面的山谷里去。她吓得抱住栏杆一动不动，火车喷出的烟和热气打在她的身上。过了好久，在表妹的帮助下，她们才安全地走过去。

到家的时候，天已经很黑了。别墅里空无一人，家里人都出去找她们了。

对海伦而言，除了沙莉文老师，大自然是最令她着迷的了。她不仅在那里得到知识的启蒙，而且享受着生活的乐趣。

自从到波士顿之后，海伦的冬天大多是在北方度过的。有一次，她们去了新英格兰一个小村庄度假，那里有冰封的湖泊和无垠的积雪，天寒地冻的雪天让她感触到了大自然的又一副面孔。

在那儿，一双奇异的手将树上的绿叶剥个精光，留下一地干枯的落叶。寒冷的空气预示着一场暴风雪的到来。

海伦高兴地跑到门外，伸开小手感受落下的片片雪花，一朵一朵，握在手里，转眼间就化成了一捧雪水。她不停地抓呀抓呀，凉丝丝的雪水和凶巴巴的北风把她的小脸冻得红彤彤的，她还是乐此不疲。一个小时又一个小时，再出门，外面已经盖上了厚厚的小棉被。踩在上面咯吱咯吱地响，那

细微的颤动总会给海伦无限的乐趣。伸出手去，到处都是雪，这总会给海伦无限的遐想。大雪纷飞的晚上，她喜欢坐在炉火边听老师讲故事，温暖的炉火、有趣的故事让她很快就睡着了。

但有一次，夜里突然狂风大作。窗外的树枝被吹得吱呀作响，来回敲击着窗子，连屋子都能感到一些微微的颤动，半夜醒来的海伦隐隐约约有种恐怖的感觉。可是第二天，一推门，阳光普照，那耀眼的白色甚至穿透了阻挡海伦光明的黑暗。穿上厚厚的外套，围上厚厚的围巾，戴上厚厚的帽子，一出门，冷空气仍然刺骨，但雪地的乐趣总会让她忘记寒冷。坐平底雪橇（qiāo）是她此时最喜欢的娱乐，沿着陡坡顺势滑下，一出溜，穿过雪堆，越过凹处，落在光滑的冰面上，一下滑到对岸。这是多么令人兴奋的经历啊！耳边呼呼的风声让她感觉自己好像插上了翅膀一样，飞了起来。

学会说话

小时候的海伦就有着强烈的说话的冲动。她早就意识到自己和别人的交流方式不一样，这让她很苦恼，常常为此发脾气。她经常把一只手放在母亲的喉咙上，另一只手放在她的嘴唇上，这让她觉得很好玩。私下里她自己尝试过很多次，努力发出各种声音，但是，好像从来没有人能理解她的意思，这让她非常失望。任何声音都让她感兴趣，她喜欢感觉猫和狗的吠叫，她还经常把手放在唱歌人的喉咙上，弹着

的钢琴上。之后，她学会了用手语与别人交流，但这并没让她感到满足，一种被束缚、被局限的隔膜，促使她不断地尝试用嘴唇发音。身边的朋友都认为，让一个又聋又盲的孩子开口说话根本就是不可能的事情，怕她受到失败的打击，纷纷劝她放弃，但执拗（niù）的她始终坚持。直到后来有一天，她听到了一个盲聋女孩的故事，这为她克服这个巨大的障碍带来了希望和信心。

1890年，刚从挪威和瑞典回来的拉姆森夫人来看海伦，她曾经是劳拉·布里奇曼的老师之一，一直致力于对盲聋孩子的教育研究。

她告诉海伦，在挪威有一个叫郎希尔德·卡塔的盲聋女孩，真的被教会说话了。这个消息让海伦兴奋不已，学说话的愿望也越来越强烈。直到沙莉文老师答应带她去见霍勒斯曼学校的校长莎拉·富勒小姐，寻求她的建议和帮助，她才安静下来。

莎拉·富勒小姐不但热情地接待了她们，而且还答应亲自做她的老师，这样的回答实在是她始料未及的。内心的感激和激动让她对开口说话充满了更多的信心和期待，1890年3月26日她们上了第一堂课。

那堂课，海伦像一块海绵那样吸收来自富勒老师的每一点讯息，模仿她的每一个动作。短短一个小时的时间，她便学会了话语基本音素中的6个：M、P、A、S、J、I。富勒老师的方法是这样的：她把海伦的手轻轻地从她的脸上摸过去，让海伦自己细细地体会，发音时她的舌头和嘴唇的位置，然后模仿。

富勒老师总共给她上了11节课，但就是这短短的11节课成为海伦开口说话的关键。当她结结巴巴地说出第一个连贯的句子"天气暖和"的时候，内心的感激和兴奋难以用语言来形容。

在自传中她曾这样写道："没有一个认真试图要说出他从来没有听到过的字词的耳聋孩子能够忘记，当他说出第一个字来的时候，所体验到的惊奇所产生的激动和发现的喜悦。"

在她学会说话之后，她曾经给富勒老师写过一封信描述自己的感受，信的内容是这样的：

写给莎拉·富勒小姐的一封信

南波士顿，马萨诸塞，1890年4月3日

亲爱的富勒小姐：

在这个美丽的早晨，我的心中充满了欢乐，因为我学会了说许多新的字，能够说出几个句子了。昨天晚上我到院子里去，和月亮说话了。我说："啊！月亮到我这儿来！"你觉得我能够和可爱的月亮说话，她会高兴吗？我的母亲会多么高兴呀。我简直等不及6月的到来啦，我太想和她以及我心爱的小妹妹说话了。我用手指拼写的时候米尔德里德不懂我的意思，现在她将要坐在我的怀里，我会给她讲好多东西让她高兴，我们在一起会非常快乐。你因为能够使这么多的人快乐而感到非常非常地快乐吗？我觉得你非常和蔼耐心，我深深地爱你。

我的老师星期二告诉我，你想知道我怎么会希望用嘴说话的。我把一切都告诉你，因为我清楚地记得我的想法。当我很小的时候，我总坐在妈妈的怀里，因为我非常胆小，不喜欢一个人

海伦·凯勒
HAI LUN KAI LE

待着。我会把小手一直放在她的脸上，因为我觉得她和别人说话的时候能够感觉到她的脸和嘴唇在动是很好玩的事情。那时我并不知道她在做什么，因为我对一切都十分无知。后来我大了一些，学会了和我的保姆及黑人小孩玩耍，注意到她们和我妈妈一样嘴唇老是在动，所以我也动自己的嘴唇，可是有的时候这使我很生气，我就会使劲捏住小朋友的嘴。那时候我并不知道这样做是非常淘气的事。过了很久，我亲爱的老师来了，教我用手指进行交流，我感到了满足和幸福。但是当我到波士顿上学的时候，我遇到了一些像别人一样用嘴说话的聋人，有一天，一位曾经到过挪威的女士来看我，告诉我她在那个遥远的国度里见到过一个盲聋女孩学会了说话，别人和她说话她也听得懂。这个快乐的好消息让我高兴极了，因为那时我确信自己也要学说话。我努力想和朋友们一样，发出声音来，但是老师告诉我，嗓子是很娇嫩敏感的，发出不正确的声音会受到损伤，她答应带我去找一个能够教我正确发音的聪明慈祥的女士。那位女士就是你。现在我像小鸟一样快乐，因为我能够说话了，将来也许还能唱歌。我所有的朋友都会非常惊奇和高兴的。

爱你的小学生　海伦·凯勒

　　当然，学说话远没有想象的那么简单，富勒老师的课上只是教会她发音的基本要素。此时她的语言只有富勒老师和沙莉文老师能够听得懂，普通人根本听不懂她的话，更不用说交流了。要想说出流利的语言，她还需要千百次的练习。

　　按照富勒老师的办法，她每天用手指触摸沙莉文老师发音时喉咙的震动、嘴的动作和脸部的表情。但是，对于一个

盲聋的孩子来说，触觉并没有想象得那么准确，她常常会出错。在这种情况下，海伦不得不重复那些简单的字词，有时候一连几个小时，直到老师满意为止。

这样的生活极其枯燥，每天的工作不断重复、重复再重复。不断的失败和重复常常让海伦感到气馁和沮丧，但是一想到经过练习就可以和正常人一样跟自己的家人朋友交谈了，她便会大声对自己说："我不是哑巴了！"然后再一次充满信心地投入练习。其间，她付出了多少汗水和辛劳恐怕只有她自己知道。

渐渐地她惊异地发现，说话比手语要容易得多。手语是用手势做比量，根据手势的变化模拟形象或者音节构成的一定意思或词语，它虽然是聋哑人互相交际和交流思想的一种手的语言，是"有声语言的重要辅助工具"，对于有听力障碍的人来说，它也是主要的交际工具，但是手语与语言的差别在于语音这个问题和听障人是否要依手势进行思维。手语不能和书面语绝对地对应起来，听障人要受到手语的限制，不能形成正确的书面语言。因此，学会说话，海伦的表达变得更加清晰、准确。当然，由于长久以来的习惯，在跟沙莉文老师和一些熟悉的朋友交谈时，海伦还是喜欢用手语字母，因为这样会更加方便快捷。

1890年春天，海伦终于学会了说话，虽然并不是很清楚，但这已经是个巨大的进步了，她迫不及待地想要回家。

在火车上，她不停地和老师谈话，不为别的，只是不想放弃最后的练习机会，她要让家人听到最清晰的声音。

转眼间，火车进站了，全家人都等待着海伦的归来。

一眼看见海伦，母亲高兴地把她紧紧地抱在怀里。听着海伦在耳边发出的每一个模糊音节，母亲激动得浑身发抖。一边的妹妹则抓住她闲着的一只手又亲又跳。父亲没有说一句话，但她知道他的心里对自己的爱和骄傲一点都不会少。多年之后，一提到那天的经历，海伦还是忍不住泪流满面。

 "《冰霜王》事件"

学会说话之后的那个秋天，她和沙莉文老师在费恩采石场待的时间特别长。她们陶醉在秋天的美景之中。

沙莉文老师不断地向她描述秋叶的美丽，这让海伦下意识地想起一个故事，犹如神助，她便毫不费力地写下了这个故事。

写完之后，她得意地向老师和家里人读了自己的作品。在读到那些她自认为写得比较满意的句子和段落时，老师偶尔打断纠正字词发音都会引起她的不快。

家里人根本没想到海伦能够写出这么好的文章，甚至有人怀疑是不是抄来的。海伦大声地拒绝道："不是的，是我自己写的故事，是我专门为阿纳诺斯先生写的。"

一边的沙莉文老师看着她自信满满的样子，笑了，心想：自己一直待在海伦身边，她读过什么书她都知道，再说海伦本来就喜欢大自然，而且文笔也不错，写出这样的作品也是有可能的吧！看到海伦的成就，她感到很欣慰。

按照海伦的意思，她们决定把这个作品作为生日礼物寄给阿纳诺斯先生。有人建议海伦把题目"秋叶"改成"冰霜王"，她答应了。

去邮局的路上，她是那样的得意洋洋，好像腾云驾雾般的飘飘然。此时的她可能做梦也没有想到，就是这个小小的故事让她付出了怎么残酷的代价。以致于以后的很长时间她都陷入焦虑、恐惧和怀疑的漩涡。在事情真相大白之后，想

到这件事，她心底还是禁不住地发冷。

事情是这样的：阿纳诺斯先生本来就很欣赏海伦，发现她写出了这样好的文章，更是让他高兴不已。在博金斯学院的一份报道上，他便把这份特殊的生日礼物刊登了出来。知道自己的文章变成了铅字，海伦的兴奋达到了顶点，但是没多久她就重重地跌了下来。

她刚回到波士顿不久，就有人发现一篇和《冰霜王》相似的作品。那是玛格丽特·坎贝小姐写的《冰霜仙子》，这个故事在海伦还没出生之前就有了，收录在一本叫做《伯迪和他的朋友们》的作品里。这两个故事无论从语言上还是内容上都是这样的相似，以一个中立的旁观者身份来看，只有一种可能，那便是抄袭。

她搜肠刮肚地回忆自己读过的一切关于冰霜的东西，但是除了提到过杰克·弗罗斯特和一首儿童诗之外，她实在是记不得自己曾经读过那篇叫做《冰霜仙子》的故事，而这些却是与那篇小文章都毫无关系的。年幼的海伦实在弄不明白抄袭到底是怎么回事，但在最后弄明白之后，她感到了前所未有的恐惧和不安。

起初，阿纳诺斯先生相信海伦，虽然他也被此事深深困扰，但还能宽厚待她。为了使他高兴，海伦强颜欢笑，尽量表现出一副高兴快乐、无忧无虑的样子。但是，事情继续恶化，远远没有结束。

庆祝华盛顿诞辰时，海伦参加了一场假面剧，扮演谷物女神。那天她身着漂亮的服装，头上戴着用秋叶扎成的花环，光彩夺目，脚上和手上挂满了水果和谷物。但这些五颜六色的热闹的外表仍掩饰不住在她内心深处的忧伤。

庆祝活动的前夕，学校的一位老师再次问起那篇小说的有关情况。海伦告诉她曾听沙莉文小姐谈到过杰出的杰克·弗罗斯特和他伟大的作品。不知海伦说了什么话使她误认为海伦记得坎贝小姐的《冰霜仙子》，虽然海伦再三强调她理解错了，但她还是固执地把这个错误的结论告诉了阿纳诺斯先生。

起初，阿纳诺斯先生虽然非常忧虑，但对海伦还是很和善，因为他一直相信海伦的勤奋和勇敢，这给无助的海伦带来很大的安慰。可是听到这样的结论之后，他很失望，他不再相信海伦对自己的辩护，开始怀疑沙莉文老师和海伦故意抄袭别人的作品取悦他来获取赞美。

学校成立了由学院的官员和老师组成的调查庭，让沙莉文老师离开海伦，单独对海伦进行调查和询问。

在那里，每一个问题都让海伦感到他们对自己的疑惑和怀疑，似乎要强迫她承认自己读过《冰霜仙子》似的。而自己一直以来那么尊敬的阿纳诺斯先生作为调查组的成员就坐在面前看着自己，这让海伦感到十分难过。她不知道该怎样为自己辩解，也不知道该怎样回答调查组成员的问题，可怜的她只能发出一些单音节的单词。

那天晚上，她躺在床上哭得很伤心，她实在无法解释这一切，不知道该如何面对，只想这样的日子快点结束。她甚至希望黎明前自己就会死去，那样会让她感到解脱和安慰。

后来阿纳诺斯先生解释说：当年的那个调查庭一共有八个人组成，这里面有四个盲人，四个正常人。在这八个人

中，其中有四个认为海伦知道坎贝小姐的故事，另外四个并不认为如此，阿纳诺斯先生恰恰属于后者。但这并没有让海伦感到好过多少，每当海伦想起那一天，她走进那间阿纳诺斯先生曾把她抱在膝头、忘记自己一切操心的事情和她嬉戏的房间，却发现那里的人们对她存在着怀疑的时候，她便感到某种敌视和威胁性的东西。

这件事就像一个噩（è）梦，很长时间她都无法从中摆脱出来。后来，在亚历山大·格雷厄姆·贝尔博士的帮助下，这件事才得以真相大白。原来1888年时，索非亚·霍普金斯太太曾有一本《伯迪和他的朋友们》，那年正是海伦和沙莉文老师在布鲁斯特度假的日子。霍普金斯太太已经找不到她的那本书了，但是她清楚地记得在沙莉文老师外出治疗眼睛的时候，她曾经给海伦读各种各样的书消遣，尽管她跟海伦一样记不清《冰霜仙子》这个故事，但是《伯迪和他的朋友们》这本书肯定是有的，只是在那不久后，她卖掉了那座房子，里面的那些书也就一同被处理掉了。

那个时候，刚刚入学的海伦还不大明白故事的意义，她只对各种各样陌生的文字感兴趣，而此时的霍普金斯太太也只能跟她进行一般的交流，并不能指导她的学习。

沙莉文老师离开的日子里，她就努力记下各种各样陌生的文字，以便老师回来给她讲解　可能就是那个时候她记下了《冰霜仙子》里的一些语句。

沙莉文老师回来之后，给她带回了《方特勒罗伊小爵爷》，老师的讲解是那样的精彩，一下子就吸引了海伦全部的思想，她忘记了自己积攒的那些问题，全身心地投入到这个新的故事中去了。但是，那些语言不可磨灭地留在了海伦的记忆里，虽然很长时间海伦都没有记起这些，但在那样一个霜叶漫天的情景里，那些语句自然地出现在脑海里，那也不是不可能的事情。所谓"熟读唐诗三百首，不会做诗也会吟"就是这样的道理。

经历了这样不幸的事情之后，很多朋友对她表达了同情和支持，就连《冰霜仙子》的作者坎贝小姐也写信安慰她，信是由沙莉文老师转述给海伦的，信中说："我熟悉很多孩子，我一生中经常和他们在一起，我最喜欢与他们谈话、逗乐，静静地观察他们的思想与性格特点。可是我却从来没有发现一个孩子能像海伦这样，有这么强的求知欲望、有这么丰富的见闻和作文的技巧。她真是一个神童。她竟然要承受这么大的委屈。请你转达我对她的热情的问候，告诉她不要再为这件事烦恼。我绝不允许任何人认为这是件什么错事，将来总有一天，她会写出伟大动人的故事或充满魅力的诗篇来，使许多人愿意读她的作品。请告诉她，每个人的杯子里都有几滴苦酒，唯一的办法就是：苦酒耐心地喝，甜酒感激地饮。"随信她还寄给海伦一本作品集。这让海伦感动得热泪盈眶。但这样的事情对于一个盲聋的小孩子来说未免过于残酷，好长时间她都害怕写出的东西不是自己的。这种恐惧折磨着她。即使是给母亲写信的时候，这种感觉也常常让她感到不安。她不断地重复写那些句子，以便确定自己没有在别的什么地方看见过。如果不是沙莉文老师坚持不懈地鼓励和帮助，她可能就此放弃写作了。后来，海伦读了《冰霜仙子》和坎贝的其他作品，查阅了那段时间她写的一些信件。

她发现那个时期的信件和她写《冰霜王》的时候一样，里面充斥着坎贝小姐的语言和故事。其中一封1891年9月12日写给阿纳诺斯的信中，就有着和那本书里完全一样的语言和感情。而《冰霜王》里面描写金色的秋叶的句子"是的，它们非常美，足以在夏的逝去中给我们以安慰"就是直接出自坎贝小姐的《冰霜仙子》。

其实，这个习惯在海伦早期的通信和写作过程中经常出现，她曾经写过一篇关于希腊和意大利古城的作文，里面精彩的描绘就是从说不上名字的书中稍加变化借用的。因为她知道阿纳诺斯先生非常推崇中世纪以前的古代文明，对希腊和意大利的一切美好思想都很赞赏，于是，她便在阅读的过程中不断积累那些会给他带来快乐的诗歌和历史作为素材。

阿纳诺斯先生非常欣赏那篇文章，他评价道："这些想法本质上极富诗意。"一个11岁的盲聋孩子怎么会有那样成熟的想法呢？就连阿纳诺斯先生事先也没有注意到这个问题。

其实，对于刚刚开始写作的人来说，模仿和改写是很经常的事情。著名英国作家斯蒂文森就曾经说过：青年作家本能地试图仿效任何似乎最令人钦佩的东西，而且他惊人地反复无常地改变钦佩的对象。即使是伟大的作家，也只是在这样做了多年之后，才学会了统领纷乱地涌入头脑的每一条偏僻小径中的文字大军。将自己的思想和书上读到的东西完全区分开来并不是一件容易的事情，对于成人而言尚且如此，何况是年幼的海伦。

"祸兮福之所倚，福兮祸之所伏。"这样的经历也让海伦很早就意识到了这个创作上的难题。她开始反思自己的

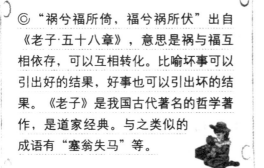

◎ "祸兮福所倚，福兮祸所伏"出自《老子·五十八章》，意思是祸与福互相依存，可以互相转化。比喻坏事可以引出好的结果，好事也可以引出坏的结果。《老子》是我国古代著名的哲学著作，是道家经典。与之类似的成语有"塞翁失马"等。

写作，她发现在写作的时候，头脑中涌现的那些毫不费力的思想、轻而易举的语句，往往就不是自己头脑的产物。那些绞尽脑汁想出来，又不断提炼修改的词语才是自己的东西。她深切地体会到作品和作者的关系问题，这样的经历也为海伦以后的写作成功打下了很好的基础。

一年之后，海伦的《我的人生故事》发表在美国很有名的《女性家庭杂志》上，引起强烈的社会反响。作品终于得到社会大众的肯定，这让她很激动。很多热情的读者写信来安慰和支持她，她的脸上才露出长时间以来难得一见的笑容。

融入社会

1893年，在美国第22届总统克利夫兰宣誓就职的日子，很多人都会赶到华盛顿参加这一盛大的典礼。为了开阔海伦的眼界，沙莉文老师决定带她去华盛顿旅行。与此同时，她们还去了著名的尼亚加拉瀑布，参观了世界博览会。

尼亚加拉瀑布以宏伟的气势、丰沛而浩瀚的水汽，震撼了所有的游人。从伊利湖滚滚而来的尼亚加拉河水流经此地，突然垂直跌落51米，巨大的水流以银河倾倒之势冲下断崖，声及

◎尼亚加拉瀑布：位于美国和加拿大交界的尼亚加拉河中段，号称世界七大奇景之一。"尼亚加拉"在印第安语中意为"雷神之水"，印第安人认为瀑布的轰鸣是雷神说话的声音。而在他们实际上见到瀑布之前，就听到酷似持续不断打雷的声音。

数里之外，场面震撼人心，形成了气势磅礴的大瀑布。

1893年3月，海伦和沙莉文老师参观了尼亚加拉瀑布。很多人都很奇怪，像海伦这样又聋又盲的孩子怎么可能领略到尼亚加拉瀑布那样壮美的景观呢？但是，对于海伦来说那意味着一切。站在瀑布突出的高崖上，她感受到大地的震动和空气的颤抖，这种势不可当的自然力量，让海伦体会到像"爱"、"宗教"以及"善良"等那些曾给她以无限的力量却无法用言语表达的词汇。她虽然不能看见这样壮美的景象，但是那种雄壮的感受却深深地刻在了她的记忆里。

这年的夏天，在贝尔博士的邀请陪同下，海伦还参观了芝加哥的世界博览会。自1851年英国伦敦举办第一届世界博览会以来，世界博览会至今已经有百余年的历史了。

它最初是以美术和传统工艺品的展示为主，后来逐渐转变为荟萃（cuì）科学技术和产业技术的展览会，成为培养产业人才和对一般市民进行启蒙教育的不可多得的场所，世界博览会的会场不单是展示技术和商品，而且伴以异彩纷呈的表演，富有魅力的壮观景色，设置成日常生活中无法体验的、充满节日气氛的空间，成为一般市民娱乐和消费的理想场所。

1893年的芝加哥世界博览会是为了庆祝哥伦布发现新大陆400周年举办的，展示1842年以来，美洲所取得的技术进步，故被称为"世界哥伦布博览会"。这次博览会的地点选择在远离市中心的密歇根湖畔，占用了杰克公园2.7平方公里的空地，是有史以来占地面积最大的世界博览会。电的发明和应用成为这次博览会最大的亮点，博览会首次采用了人工照明，几十万盏彩灯使得整个展厅流光溢彩，金碧辉煌。此次博览会大获成功，吸引了两千五百多万人前往参观。

海伦的到来受到了热情的欢迎，博览会的总裁希金博特姆先生还特别允许海伦触摸展品，这为她更加真实生动地了解博览会的盛况提供了便利。在那里，一切都使她着迷。她好像进行了一趟奇妙的世界旅行，各种各样孩子气的想象都变成了活生生的现实划过她的指尖。特别是法国的铜像，逼真的形象让海伦觉得那是天使下凡，要不然她实在无法想象他们会有那么栩栩如生的表情。

海伦最喜欢去的地方是游艺场，那里简直就是一个天方夜谭的世界，各种新奇有趣的东西应有尽有。有印度离奇古怪的集市，有开罗的清真寺和长长的骆驼队，还有威尼斯的环礁湖。每天晚上当这个城市灯火通明的时候，她们就泛舟湖上。海伦很喜欢划船，对各种各样不同的船只都有所了解，但最让海伦感兴趣的还是展览会上那艘北欧的海盗船，因为那只船上只有一个水手，他统管一切，无论是狂风暴雨还是惊涛骇浪，他总是高喊着："我是海上的英雄"，勇往直前、百折不挠。他在与海上风暴搏斗中表现出来的勇敢和激情，给了海伦很多的启示和鼓舞。

离这艘海盗船不远的地方有一个圣玛利亚号模型，船长带海伦参观了哥伦布的船舱和一个上面放着沙漏的书桌。这个小小的沙漏给海伦留下了深刻的印象。因为她想到，当那些走投无路的水手绝望地反抗时，曾经英勇无畏的哥伦布看着眼前的沙粒一点点地落下，该是怎样的无奈和感叹啊！想象力丰富的海伦面对这些历史的遗迹总会遐想联翩，留下很多感慨。

在好望角的展台上，海伦还了解了钻石开采的全过程，她还伸手触摸了滚动着的机器，以便更清楚地理解怎样称钻石的重量，怎样切割钻石和对钻石抛光。海伦随意地在钻石的淘洗槽中摸出一块，受到工作人员的连声称赞，因为那是美国参展的唯一的一块真钻石。

在人类学的展厅里，最令海伦感兴趣的是古代墨西哥的遗迹以及那个时代留下来的粗糙的石器。石器是远古时代的见证，是文字还没有创立前的人们写下的历史丰碑。埃及的木乃伊也是海伦期待已久的展品，但她没有伸手去摸，只是敬而远之。在这里她了解了很多关于人类发展的知识，其中许许多多都是以前没有学过的。

在世界博览会上参观的这些日子，贝尔博士一直陪同着海伦，他以其特有的方式向海伦描述各种有意思的展品，这让海伦觉得此次旅行格外亲切。在电器展览大厅里，他不但向海伦介绍了电话、自动发电机、留声机等各种电器发明，而且还详细地为她讲解了金属线为什么不受空间、时间的限制将信息发送出去的原理。贝尔博士的亲切和友好成为海伦一生难以忘怀的温暖记忆，他是海伦生命中交往时间最长、

感情最好的良师益友。

短短三个星期的时间，海伦受益匪浅。这里不仅让她的词汇库增添了各种新鲜的词汇，而且让她从童话和玩具转向了对于现实世界中真实平凡事物的热爱。

在旅行闲暇的日子里，海伦也按照自己的兴趣爱好自学了很多东西。她读了有关希腊、罗马和英国的历史书籍，还自学了一些法语的语法，尝试着用法语阅读了拉封丹的《寓言诗》、《不情愿的医生》以及《阿塔丽》的片段。她还花了大量的时间来练习说话。她大声地朗读，背诵她所喜爱的诗人的作品，沙莉文老师则在一边为她纠正发音，帮助她学会抑扬顿挫，这让海伦进步很快。直到1893年10月，海伦从参观世界博览会的疲劳和兴奋中恢复过来之后，开始在固定的时间上课，学习固定的课程。

有一段时间，海伦和沙莉文老师正在宾夕法尼亚洲的赫尔顿威廉·韦德先生家做客。他的邻居艾恩斯先生是一位出色的拉丁语学家，于是，就安排海伦跟他学习拉丁语。艾恩斯先生是一位性格温和而又阅历广泛的人，他主要教海伦拉丁语法。起初，海伦对于语法的学习很不情愿。因为她觉得在字的意思很清楚的时候，不必把时间浪费在分析它的词性、所有格、单复数、阴阳性等琐碎的东西上。比如说介绍自己身边的一只猫：目，脊椎动物；部，四足动物；纲，哺乳动物；属，猫科；种，猫；个体，灰色带有斑纹的家猫。但是实际上它只不过是一只叫做塔比的家猫而已，这让海伦觉得荒唐透顶。但是，随着学习的深入，她渐渐地陶醉于这种语言，用刚刚学会的语言来表达自己稍纵即逝的印象和情

感，那种新奇又陌生的感觉让她久久回味。之后她常常会自得其乐地阅读一些拉丁语的文章，遇到不明白的字词，就自己设法弄懂，这成为海伦后来一直坚持的消遣方式。

艾恩斯先生还和海伦一起阅读了英国维多利亚时代最杰出的诗人丁尼生先生的《悼念》，海伦以前读过很多的文学作品，但是从来没有从评论的角度来理解作品，艾恩斯先生精彩的分析让海伦第一次学

◎维多利亚时代得名于英国女王维多利亚（1819—1901年）。它的时限常被定义为1837—1901年，是英国最强盛的所谓"日不落帝国"时期。被认为是英国工业革命和大英帝国的峰端。其间，英国的政治、经济、文化全面繁荣。

会了如何了解一个作家、识别他的风格，这使得海伦的阅读像与老朋友握手般的亲切。在开始读凯撒的《高卢战纪》的时候，海伦回到了亚拉巴马州的家里。

1894年夏天，肖托夸美国聋人说话教育促进会第一次会议在夏达奎（kuí）市举行，海伦受邀参加了这个会议。会上，海伦怀着无比激动的心情做了一个不短的演讲，得到了全场的热烈欢迎。

沙莉文老师在提交大会的论文中还介绍了对于海伦的教育方法。她写道："海伦学会语言，与其说是依靠学习法则和定义，不如说是依靠实践和习惯……毫无疑问，我本是应该用嘴交谈的，但我却更多、更经常地使用手指。""我相信，每个儿童的身上都在某个地方隐藏着杰出的能力，要是我们引导得法，这种能力也许会得到复活和发展；但是，当

我们不断地向儿童的头脑中填塞所谓的基础知识时，却未能适当地发展他们较高的天性。让我们引导他们在幼年时就在大自然中获得最大的愉快吧。让他们在田野上奔跑，去熟悉动物，去观察真实的事物吧。""海伦的感觉很有生气，兴趣广泛而又浓郁，具有艺术家的气质，当然，与不太有天赋的一般人相比，她对生活、对大自然和书籍怀有比较主动、比较强烈的喜爱。她的头脑中装满了伟大诗人美妙的思想和概念，在她的眼里，他们的一切都不平凡，因为，她以自己丰富的想象力为整个生活增添色彩。"沙莉文老师的论文引起了大会高度的重视和热烈的讨论，海伦也得到了更多人的关心和帮助。在这里，海伦被安排到纽约市的赖特·赫马森聋人学校去学习。

学会唇读

1894年10月，在沙莉文老师的陪同下，海伦来到了赖特·赫马森聋人学校，之所以选择这所学校就是为了提高海伦的说话和唇读能力。与手语相比，唇读的一个最大优点就是，把手放在说话人的嘴唇上，就能听明白所有的说话内容，它可以传达更加复杂抽象的思想。学会了说话和唇读，就可以不靠翻译去和正常人交流了。在大会期间，沙莉文老师就详细地了解了这所学校的教学情况，海伦也对此行充满了期待。

掌握唇读法的学习要领其实并不难，困难的是要不断地

反复练习，一句话往往要练习几十遍甚至上百遍。只要沙莉文老师和她在一起的时候，她就会把海伦的手放在自己的嘴唇上，她先说一句话，让海伦来理解。海伦理解之后，就用手语表达出来，沙莉文老师认为哪里不对再纠正她。除了唇读，还有专门的老师纠正发音。之前海伦虽然也能说一些简单的话，但是发音并不准确，只有少数人能听懂。沙莉文老师没有声读的教学经验，一切都得靠海伦自己练习。海伦希望自己能和别人一样，自然而然地说话，其他人也可以轻而易举地听懂，老师也相信她能做到这一点。她非常认真努力地练习，可很久都没有达到自己的目标。但是，工夫不负有心人，后来只要放慢语速，一字一句地说，大家就能够明白她的意思。这对于海伦来说，是一个很大的进步。

此外，在赖特·赫马森聋人学校的两年时间里，她还学习了德语、法语、算术和自然地理。德语是海伦最喜欢的课程。在学会一些简单的词汇之后，海伦就大胆地跟老师进行对话，闹出了很多笑话，但好在她的德语老师懂手语，可以及时地纠正她，海伦的德语也因此而飞快进步。第一年结束前她就可以读席勒先生著名的剧本《威廉·退尔》。

海伦的法语学习没有德语那么顺利，虽然她以前就有一些学习经验，但是法语老师并不懂手语，上课只能口授，而当时海伦的唇读还不是很熟练，因此，法语学习比德语的进步慢得多。不过她还是设法读了一遍法文版的《不情愿的医生》。

在所有的科目中，算术是海伦最讨厌的。她实在搞不明白那些数字和公式到底是怎么一回事，常常用猜测和想象的方法来解决那些逻辑严密的数学题，这让海伦沮丧万分，常常情绪

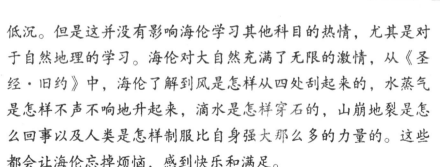

低沉。但是这并没有影响海伦学习其他科目的热情，尤其是对于自然地理的学习。海伦对大自然充满了无限的激情，从《圣经·旧约》中，海伦了解到风是怎样从四处刮起来的，水蒸气是怎样不声不响地升起来，滴水是怎样穿石的，山崩地裂是怎么回事以及人类是怎样制服比自身强大那么多的力量的。这些都会让海伦忘掉烦恼，感到快乐和满足。

休息的时候，海伦最喜欢做的事情就是和沙莉文老师到中央公园去散步。中央公园是纽约市最大的都市公园，面积达843英亩。这里有大片预留的公共绿地，为忙碌的市民提供了一个休闲场所。公园四季皆美，春天花红柳绿；夏天阳光璀（cuǐ）璨（càn）；秋天枫红似火；冬天银装素裹。海伦喜欢每天让身边的人形容它，在纽约度过的九个月，公

园每天的美都是不同的，这给海伦带来了无穷的乐趣。

赖特·赫马森学校的老师总是尽量把学校里那些盲聋的孩子们从狭小的空间里带出来，让他们享受和正常人一样的生活乐趣。春天的时候，他们到各地游览，西点、塔里敦、华盛顿·欧文的故居都留

下了他们的足迹。他们乘船在哈得逊河上航行，在绿油油的河岸上漫步。大自然的风景和历史遗迹风情都给海伦带来了无限的快乐。

但就在此时，海伦父亲去世的消息让如此晴美的日子变得悲伤。父亲病的时间不长，经历了一段短暂的、极为痛苦的日子，就离开了人世。这是海伦第一次经历死亡，父亲的突然离去让她有点难以承受，她常常独自一个人暗自垂泪。但就在她还没有从失去父亲的悲痛中解脱出来的时候，又传来了波士顿约翰·斯波尔丁先生去世的消息，这让海伦的日子变得更加阴暗。在海伦的一生中，对她表示了关心和帮助的人很多，但是斯波尔丁先生为人和善慈祥，他总是以一种美丽的、不引人注目的方式关心海伦，无论何时何地，海伦总是能感受到他充满爱心的存在，他的友谊给了海伦很大的信心和勇气，"他的逝世给我们的生活留下了再也不能够填补的空白"，海伦在自传里面沉痛地写道。

第五章

哈佛生活

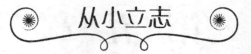# 从小立志

在海伦还是个小女孩的时候，她曾经参观过韦尔斯利女子大学。这所大学创办于1875年，是全美最优秀、最富有进取精神的学校。其创始人亨利·福勒·杜兰特在谈到这所学校的宗旨时说："妇女也能干事情，我给她们机会。"学校的座右铭是：宁照顾他人，勿被人照顾。学校虽坐落在原野之中，但距波士顿也只有半个小时的车程。这里有着空旷的草坪，更有各种名贵的秀林佳木。校园内除了教室、宿舍外，公园、教堂、酒吧、剧院设施一应俱全，连接各个建筑和设施的道路以及大街小巷纵横交错，使得校园宛如一个英格兰小城镇。

优良的学术传统和秀美的风景使得这里成为很多女孩梦寐以求的地方。但是，海伦在参观完之后却宣称："有朝一日我要上大学——我要上的是哈佛！"这话使得身边的朋友非常惊讶。当人们问她为什么的时候，她说因为那里只有女生。这样的想法在她的心里生根发芽，成了她迫切的渴望，她要和所有正常人，甚至正常人里面那些非常优秀的人竞争学位。在离开纽约赖特·赫马森聋校之后，这个想法成为她固定的人生目标，于是，她决定到剑桥青年女子学校去。

剑桥青年女子学校是为以后进入哈佛的本科学院雷德克里夫学院学习进行预备教育的地方。这里的学生一般都是成绩优秀的正常孩子，海伦是学校唯一的盲聋学生，这里的老师没有教授盲聋学生的经验，海伦和老师们交谈的唯一办法就是唇

读。第一年的学习课程有：英国历史、英国文学、德语、拉丁语、算术、拉丁语作文以及一些临时题材，这对海伦来说是一个不小的挑战。但是，沙莉文老师有着良好的文学修养，在英国文学、历史方面她很早就为海伦提供了良好的教育。在这些课上海伦不需要特别的指导，只要按照学校对具体的作品进行分析就可以了。此外，她曾经学过德语、拉丁语，自学过法语语法，在这些方面现在也有了不小的进步。

尽管如此，海伦的学习还是困难重重。于是海伦和沙莉文老师商议决定：让沙莉文老师和海伦一起上课，然后请沙莉文小姐具体解释课上老师所讲的内容。这份工作的单调乏味是难以形容的，但沙莉文老师却不厌其烦地一遍遍为她念笔记，读教材，查阅生词。可是沙莉文老师不可能在她的手心里写出所有的内容，而把教材及时地做成盲文又是那么的困难。好长一段时间里，海伦不得不用盲文抄写拉丁教材，以便能够和其他正常的女孩子一起朗读。她不能在课堂上记笔记、做练习，课下，别人在休息玩耍的时候，她却要用打字机补写所有的翻译和作文，其间付出的努力和辛劳是可想而知的。

好在那里的老师很快就能理解海伦有缺点的说话方式，他们很乐意回答海伦的问题和纠正海伦的错误。她的德语老师格罗特小姐和校长基尔曼先生还学会了用手语字母给海伦上课，好让沙莉文老师休息一下。但是，尽管有这么多热情的人愿意帮助海伦，却仍然只有沙莉文老师的那双手才能把枯燥乏味的苦差事变成有意思的事情。

第一年，海伦学完了算术，复习了拉丁语法，读了三

章凯撒的《高卢战纪》。在德语方面，她读了希勒的《大钟歌》和《潜水员》、海涅的《哈茨山游记》、弗赖塔格的《来自弗雷德里希大帝的国度》、里尔的《美丽的咒语》、莱辛的《巴海姆的米娜小姐》以及歌德的《我的生活》。在英国文学方面，她和基尔曼先生一起讨论学习了莎士比亚的《皆大欢喜》、伯克的《论与北美殖民地和解的讲话》以及麦考利的《塞缪尔·约翰逊传》。

在剑桥学校里，海伦第一次体会到和视力、听力都正常的同龄女孩子一起玩耍的快乐。她和几个女孩子一起，住在和学校相连的一所房子里，在那里她们都能享受到家庭生活的有利之处。她们的许多游戏海伦都可以参加，其中包括捉迷藏和在雪地里嬉戏。她们一起散步、讨论功课，朗读她们共同感兴趣的东西。有些女孩子还学会了和她交谈，这让海伦感到无比自由，几乎意识不到自身的残疾了。

圣诞节的时候，海伦的妈妈和妹妹专程赶到学校和她一起过圣诞节。好心的基尔曼校长提出让海伦的妹妹米尔德里德在他的学校上学的建议。这样米尔德里德便留在了剑桥，和海伦一起度过了6个月的学习时间。在这6个月里，她们共同学习、一块玩耍，几乎形影不离。家人的陪伴，让海伦觉得无比幸福。

1897年6月29日到7月3日，海伦参加了德克利夫学院的预试。在这次考试中，要求学生通过16个小时的考试，12个小时考基础课程，4个小时考高级课程，学生要有5个小时的考试通过才能及格。哈佛在9点钟的时候发试卷，由特使送到德克利夫学院。每个考生都按照号码辨认试卷，海伦的号

码是233号。由于海伦的特殊情况，她被单独安排在一个房间里，门口还安置了一个守卫。

考官向她宣读试卷，她则用打字机回答拼写。这一年，海伦自报的科目是基础和高级德语、法语、拉丁语、英语和希腊罗马历史，一共9个小时。考试全部通过，德语和英语还得了"优"。

当时考试的情形极为特殊。每门功课总共有16分——初级考试12分，高级考试4分。每次至少要得到15分。早晨9点钟，试卷由专人从哈佛送到德克利夫。试卷上不写名字，只写号码，海伦的号码是233。但因为她用打字机答卷，所以试卷不是秘密的。

为了避免打字机的声音打扰别人，她独自在一个房间里考试。吉尔曼先生用手语字母把试题念给她"听"，门口有人守着，防止有人闯进来。

第一天考德语，吉尔曼先生坐在海伦身边，先把试卷通读一遍，海伦跟着复述一遍，然后再一句一句地读一遍，以确保海伦"听"到的信息正确无误。考题很难，海伦用打字机答题，心里没有把握。吉尔曼先生把海伦打出的解答读给她"听"。海伦告诉他需要改的地方，由他改上去。在以后的考试中我再也没有遇到过如此方便的条件。进了德克利夫学院以后，考试时海伦写完答案就没有人读给她"听"了。在时间允许的情况下，她才有机会修正答案。即使有时间，也只是根据她的记忆把要改正的全部写在卷子的末尾。如果她初试的成绩比复试好的话，那有两种可能：一是复试时没有人把她打出的答案读给她"听"；二是初试的科目有些是

115

进剑桥学校以前就学过一些的，因为在年初吉尔曼先生拿来了哈佛大学的旧考题，那时她就已通过了英语、历史、法语和德语的考试。

吉尔曼先生把她的答卷交给监考人并写了一个证明这是海伦的（233号考生）答卷的说明。

其他几门科目的考试，情况大致相同，但都比德语简单。海伦记得那天拿到拉丁文卷子时，希林教授走来对她说，她以很好的成绩通过了德语考试，这使海伦信心倍增，得心应手地完成了其余的考试。

重重困难

在开始第二年学习的时候，海伦充满了希望和成功的决心，但是没几个星期，她便碰到了预想不到的困难。这一年以学习数理为主，主要的科目是数学，另外还有物理、天文学等，这都是海伦不太擅长的科目。上课的教室很大，老师根本不可能对她进行个别指导，更加糟糕的是，大部分教材都没有印成凸字版。沙莉文老师不得不把所有的教材一点点地念给她听，并翻译老师讲课的内容。11年来，她那双宝贵的双手第一次不能胜任她的任务。

海伦在课堂上需要做代数和几何练习，解答物理习题，这些都要靠盲文书写器来做。有了盲文书写器，她可以写下作业的步骤和过程。但是，海伦看不见老师画在黑板上的几何图形，她根本就不明白那些稀奇古怪的角度和图形是怎么一回

事。可老师在她的报告中曾明确要求：字母标出的图形、假设和结论、作图和证明的过程都必须准确地装在头脑里。唯一能使她清楚理解的方法就是在垫子上用各种直的、弯的铁丝把形状做出来，为了这，沙莉文老师可没有少费心思。总之，每一门学科都会有一些意想不到的障碍，那些莫名其妙的数字和图形搅得海伦焦头烂额，心烦的时候，她甚至会对沙莉文老师大发脾气。沙莉文老师太了解她了，便总是一声不响地把海伦拥在怀里，让她大哭一场，尽情地发泄。

随着凸印版书以及其他设备的到来，海伦以加倍的信心投入到学习中去，困难开始一点点消失。但是几何和代数依旧是她怎么努力都难以理解的两门，代数上的那些要点和步骤总没有她所希望的那样详细，而几何图形更是让她伤透了脑筋，因为即使是在垫子上她也想不出不同部分之间的关系。直到后来基斯先生来教她，她才开始对数学有了一个清晰的概念。

就在海伦为克服一切困难而努力的时候，发生了一件事情，改变了一切。

早在凸印版的课本到来之前，基尔曼先生就曾告诫沙莉文老师，海伦学习太辛苦了，并减少了海伦课堂学习的时数。当时，海伦也表示同意，如果必要的话，她可以用5年的时间做上大学的准备。但是第一年取得的好成绩，使得沙莉文老师和其他一些老师都认为，再用两年，海伦就能轻松地完成上大学的准备。开始的时候，基尔曼先生也是同意的，但是随着功课难度的增加，海伦变得越来越吃力，见此，基尔曼先生觉得海伦至少还要在这个学校里继续学习三

年。海伦不同意基尔曼先生的计划，因为她梦想着和班上其他的同学一起上大学。

11月17日的那天，海伦身体有些不舒服，就没有去上课。尽管海伦也没有什么大病，但是基尔曼先生觉得海伦的身体垮了，决定改变对海伦学习的安排，那样的话，海伦将不能和班上的同学一起参加结业考试。为此，基尔曼先生和沙莉文老师产生了意见分歧，相持不下。

最后，沙莉文老师把这里的情况告诉了海伦的母亲，深爱着海伦的母亲以为她的身体吃不消，便毅然决然地让海伦和她的妹妹米尔德里德一起从剑桥青年女子学校退学了。

回到家里，海伦并没有放弃自己上大学的理想。她不断地央求母亲让她回学校，沙莉文老师也不断说服母亲海伦是个有潜力的孩子，完全有能力读大学。最后，海伦的母亲和沙莉文老师决定请一位家庭教师为海伦进行个别辅导。

几经周折，她们请来了剑桥的默顿·基斯先生，帮助海伦继续完成她的学业。基斯先生是一位经验丰富、知识渊博又和蔼可亲的师长。1898年2月到7月，海伦和沙莉文老师住在离波士顿25英里的伦萨姆城。基斯先生每星期到那里两次，教海伦代数、几何、希腊语和拉丁语，沙莉文老师做他们的翻译。

1898年10月，当海伦回到波士顿。在之后的8个月里，基斯每星期给海伦上5次课，每次大约一个小时。每次上课，他首先解释海伦上次课没有听懂的地方，然后再讲解新内容，布置作业。走的时候，他还要把海伦一周内在打字机上写的希腊语练习带回家，仔细批改之后再发还给海伦。

海伦就是这样紧锣密鼓地为自己的大学之梦做准备。渐渐地她发现这样一对一的辅导学习要比在课堂上听课容易得多，也愉快得多。她不用仓促忙乱地记笔记，不明白的地方也可以及时问老师，就算她最头疼的数学，基斯先生也使它变得很有趣。他成功地把那些难以理解的大问题分解成一个个小问题，这样使得海伦理解起来也比较容易，渐渐地也有了一些自信。心态上的平和也让海伦渐渐学会了清晰的推理和准确的逻辑思维。当然，有的时候，一个简单的问题要讲好几遍、甚至几十遍海伦才能听明白，但是基斯先生总是那么温和而有耐心，这让海伦很感动。

　　1899年6月29日到30日，海伦终于迎来了进入德克利夫学院最后的考试。第一天考的是基础希腊语和高级拉丁语，第二天是几何、代数和高级希腊语。

　　这次考试的方式还是闭卷考试，为此德克利夫学院专门从博金斯盲人学院请来了尤金·维宁先生把试卷用美国盲文抄写出来。海伦不认识

◎拉丁语与希腊语一道，对西方的宗教与文化产生了重要影响，随着罗马帝国的扩张，它从意大利走向了整个欧洲，在9世纪由通俗拉丁语发展至各种罗曼语言（包括西班牙语、意大利语、法语、葡萄牙语、加泰罗尼亚语、罗马尼亚语等），目前主要使用在梵蒂冈。

维宁先生，监考的先生是陌生的，他们之间都不可能有任何交流。沙莉文老师作为海伦亲近的人，不能参与任何有关考试的事情，只能旁观，所有的一切都需要海伦自己应对。

　　第一天，基础希腊语和高级拉丁语，这些语言科目是海

伦的强项，她顺利地通过了考试。但是第二天的几何和代数考试中，意想不到的困难出现了。

美国常用文字系统的盲文包括英国式的、美国式的以及纽约点式盲文，这些都是海伦熟悉的，但是这三个系统在代数和几何上使用的各种标记和符号很不一样，而海伦在代数课上只使用过英国式的盲文系统。考试前两天，维宁先生送给海伦一份盲文版的哈佛用过的旧代数试卷，海伦惊异地发现考卷用的是美国式的盲文系统标记。虽然，后来海伦收到了一张标记表，但短短两天的时间里，她根本分不清楚括号、大括号和根号等各种不同的符号和组合。就在考试开始前的那一小段时间里，海伦还请维宁先生给她更详细地讲解了一遍。考试的过程中，那些她以为自己都学会了的标记还是让她一头雾水。此外平常的练习中，海伦习惯了用盲文或心算答题，老师没有训练她用笔回答，因此她答题的速度也变得很慢。对于几何试题，海伦习惯读行式打印机打出来的命题，或者是有人在她的手心里拼写。这次考试中的盲文试题，让她很不习惯，做题的速度和节奏完全被打乱了。总之，对于这次考试，海伦充满了不祥的预感。

德克利夫学院的领导可能根本就没有意识到他们的考试规则给海伦设置了怎样的障碍。但令人欣慰的是，海伦战胜了他们无意间制造的这些麻烦，海伦的入学考试全科通过。

"失明的祸害极大，但这并不能剥夺我们分享一些我们很在意的东西：服务、友谊、幽默、指挥。我们的命运是由内心的意志所控制的，我们可立志向善，爱人也被人所爱，想想我们可以有更明智的目标。我们可以像上帝所有的女儿一样，

拥有那些与生俱来的灵性的力量，所以我们可以看到《圣经》中所说的西奈山的闪电，听到雷声。我们可以大步穿越草原和荒郊，使我们心旷神怡。我们也可以进入上帝允许给亚伯拉罕及其后裔（yì）的'希望之国'，也就是迦南，拥有心灵上的财富以及看不到的生命和自然的永恒境界。"海伦在一篇文章中，曾这样描述过自己战胜困难的心情。

虽然入学考试历经艰难，但是要取得入学资格，还需要学院教学委员会的批准。很多委员反对海伦入学，包括校长也不支持。为此，海伦勇敢地给入学委员会写了一封信，明确表达了自己的决心。她写道："我知道，在我接受高等教育的道路上，布满了巨大的障碍——对其他人来说，像是难以逾越的障碍；但是，尊敬的先生，在投入战斗前，一个真正的士兵是不知道什么是失败的。"

在等待结果的日子里，海伦先后收到了康奈尔大学和芝加哥大学的入学通知书，并提供奖学金。但是，好强的海伦不为所动，她对身边的朋友说："如果去别的学校上学，肯定会有人说我没有通过德克利夫学院的考试。"德克利夫学院的委员们最终被海伦优异的成绩和勇敢的行为所打动，决定录取她。海伦终于圆了自己的大学梦，可以像其他正常的孩子一样进入德克利夫学院了。为了更好地适应大学生活，大家一致认为海伦需要再跟着基斯先生学习一年。因此，直到1900年的秋天，20岁的海伦才正式跨入了校门。

努力学习

1900年3月，海伦的梦想终于实现了，现在，她已经是哈佛大学德克利夫学院的一名学生了。

"能够跨进这座学校，真是太艰难了。"海伦感慨地对沙莉文老师说。

海伦曾经这样写道："我仍清楚地记得进德克利夫学院第一天的情景。这是我人生中最有意义的时刻之一，我曾经怀抱着无限的期望来想象这一天。我也知道，还会有许多障碍，但我有信心克服它。我将一句罗马名言作为自己的座右铭：'被驱逐出罗马，只不过是生活于罗马之外而已。'同样，在求知的道路上，我因为走不了康庄大道，而被迫去走那条荒无人烟的崎岖小路。我也知道，在大学里，我将有充分的机会同那些像我一样思考、爱惜的姑娘们共同奋斗，并肩前行。"这段话，今日读来，仍令人感慨不已。

校园里有许多和海伦同龄的姑娘。她们的脸上也充溢着骄傲和自豪。毕竟，能够来此地读书的人，都是非常出色的学生。

来来往往的学生忙着办理各种入学手续，当他们从海伦身边匆匆而过的时候，还是禁不住要看她一眼，他们在想："这个盲女孩一定是陪伴自己的姐妹入学的吧？她真是可怜，不能进入大学的课堂。"

正式上课的时候，这些学生才发现，原来这个盲女孩就

是他们的同学，而且，是凭着自己的努力考进来的。

同学们对于海伦能够上大学，充满了好奇。在下课的时候，大家都聚集在海伦身边，向她提各种各样的问题：

"海伦，你既看不见，又听不到，是怎么领会语言和实物之间的对应关系的？"

"海伦，你是怎么学会说话的？"

"海伦，如果你的视力恢复的话，你最想做什么事？"

当然，他们的话海伦根本听不到。可是，别忘了，海伦是有"助听器"的，这就是沙莉文老师。沙老师陪伴海伦上每一堂课，她负责听，把听到的内容拼写在海伦的手心。

所有的问题，沙莉文老师几乎都能回答。自从海伦7岁遇到沙莉文老师以来，她们的生命就紧紧联系在一起了。

大学生们很钦佩海伦的毅力，对她说："现在跨进了大学的校门，你终于可以放松了。"

可是，海伦很清楚，她所面临的大学生活，是困难重重的。虽然是和同学们坐在同一个课堂上听课，可海伦却永远听不到教授的声音。她能够获得的，是沙莉文老师拼写在她手掌心上的无声的文字。

海伦的教材大部分都没有为盲人专设的凸印本。海伦阅读这些教材的唯一办法，就是让人在她的手上把教材的内容拼写出来。这是既费时间、又费体力的工作，沙莉文老师常常是累得手都软了。

有时候，热情的女大学生们会帮忙，可她们有她们的生活，大部分的时间，还得靠沙老师和海伦自己。

老师们讲课的时候，并不能处处照顾海伦，他们得为大

多数同学负责。因此，老师们讲课的速度比沙莉文小姐的拼写速度快许多，沙莉文老师只能把老师讲课的重点部分拼写出来。至于其中的枝节部分，就全靠海伦自己体会了。

到下课的时候，其他的女大学生们到外面嬉戏游乐又玩又笑的时候，海伦和沙莉文老师却要老老实实地坐在教室里，把疑难的地方找出来，请教授解答。

这样的生活真是疲惫呀！当教室外面的阳光照在海伦的脸上的时候，她就会想起从前在阳光下尽情嬉戏的美好时光。

海伦一遍又一遍地问自己："生活对我是不是太残酷了？别人轻而易举就能获得的东西，为什么我却要花上三倍的努力才能得到？"

虽然是这么想着，海伦还是不忍心放下那诱人的课本。书里的奥妙也很多哩!莎士比亚的悲剧、狄更斯的小说、歌德的诗歌也丝毫不比窗外这美丽的景色逊色呢!而且，弄清一个疑难问题所带来的快乐，也是不可言喻的。

◎歌德(1749—1832年)：18世纪中叶到19世纪初德国和欧洲最重要的剧作家、诗人、思想家，代表作有《少年维特之烦恼》、《浮士德》。歌德是德国民族文学的最杰出的代表，他的创作把德国文学提高到全欧的先进水平，并对欧洲文学的发展做出了巨大的贡献。

"我要成为名副其实的哈佛大学的学生。我的学识一定要称得上哈佛的名字。"

海伦很快又恢复了愉快的心情。

问题总是有办法解决的。海伦有很多朋友在帮助她、鼓励她。

比如威廉·韦德先生、宾西法尼亚盲人教育研究所的所长艾伦先生，他们听说海伦迫切需要凸印书籍，就尽快给她寄来了。

初期的困难终于被克服掉了，海伦慢慢地适应了紧张而又充实的大学生活。她居然还当选了学生会副主席。这项工作，海伦也把它做得有声有色，她的热情和自信，再加上沙莉文老师用动情的声音表达出来，真让许多学生为之倾倒呢！

第二学年时，海伦已经从课堂上品味出听课的乐趣来。

这得感谢作文课老师查尔斯·汤逊德·科普兰先生。科普兰先生才华横溢，说起话来又是那么诙谐轻松。他能把文学作品的独到之处和感人魅力充分地表达出来。虽然一次只有一个小时的讲解，可听过他讲课的人，都对他的话回味无穷。

科普兰先生妙趣横生的作文课使海伦更喜欢写作了。她为文学大师们所创造的永恒之美深深地陶醉了。

"我是不是也可以写出一点警世的作品呢？"海伦常常是捧着大师们的作品这样问自己。

面前有优秀的作品做榜样，作文课老师的讲解又是那样生动，海伦的习作水平也越来越高。她把自己经历过的事情、头脑中的感想统统用优美的句子写出来。在作文课上，海伦的习作博得同学们的热烈掌声。

经济学是海伦最感兴趣的新课。

乔西·罗伊斯教授主讲的哲学史常让海伦茅塞顿开。

海伦就像跃进大海的鱼儿一样，尽情地在知识的海洋里遨游。感谢上帝，德克利夫学院的课程一般是选修的，只有某些英语课程是必修的。现在，海伦所上的课都是她比较喜

欢的。至于数学课，海伦是从此永远地和它告别了。数学对于海伦来说，简直就是红眉毛绿眼睛的妖怪，它害得海伦吃尽了苦头。

临近期末的时候，海伦和所有的大学生一样，因为准备考试而忙得不可开交。海伦最怕考试了，每次考试之前，她都要拼命记住一大堆神秘难懂的公式和不容易记住的年代日期。不过，因为海伦竭尽全力的准备，她总是能顺利地通过这些考试。

老师和同学

对于大学生活，海伦唯一感到遗憾的是，没能与大学时代的教授们做更多的交流。多数教授的讲课对她来说都像留声机一样，机械性地听讲而已。院长布里吉斯教授的家就在她的隔壁，可是她从来没有主动拜访过院长。在她的毕业证书上签字的艾里华特博士，也一直无缘见面。只有指导写作课的柯布兰教授以及教《伊利莎白时代文学》的尼尔逊博士，还有教德文的帕德雷特教授等人偶尔请她去喝茶，他们在校外遇见她时也十分亲切。

由于海伦的生理状况异于他人，因此无法与班上的同学融洽地玩在一起，不过大家还是通过各种方式与她沟通和交流。班上的同学经常一块儿到外面餐馆去吃三明治、喝可可奶，他们常常围在她身旁，说些有趣的事来逗她笑，同学们还推选海伦做副班长。

如果不是因为功课方面必须比别人花更多的时间，觉得很吃力的话，海伦相信自己的大学生活一定可以像其他同学一样丰富多彩。

有一天，朋友们邀海伦出去："海伦，要不要到布鲁克林闹市区的朋友家去玩？"但最后却来到了波士顿一家满是"泰瑞尔"狗的宠物店。那些狗都很热情地欢迎海伦，其中有一只名叫汤玛斯伯爵的狗对她尤其亲热。这条小狗长得并不特别好看，但很会撒娇，站在海伦身边一副驯服、乖巧的模样。海伦伸手去摸它时，它高兴得猛摇尾巴，低声欢叫着。

"啊！汤玛斯伯爵，你很喜欢海伦吗？海伦，你也喜欢这只小狗吧？"朋友们异口同声地问海伦。

海伦也很干脆地回答："是的，我很喜欢它！"

"那么，我们就把这只狗送给你，作为大家送给你的礼物。"朋友们说。

汤玛斯似乎听到大家在谈论它，直在海伦身边绕圈子。

等汤玛斯伯爵稍微安静下来了，海伦才说："我不喜欢这种什么伯爵的称呼，听起来像高不可攀。"

她说出这番话后，狗若有所悟地静坐一旁，一声不响，变得沉默起来。

"你们看，费兹这个名字如何？"

此言一出，汤玛斯伯爵好像完全同意似的，很高兴地在地上连打了三个滚。于是她就把这只狗带回康桥的家。

当时，海伦和沙莉文老师住在库利兹街14号，租下这幢房子的一部分。据说这栋房子原来是高级住宅，坐落在一片美丽的土丘上，四周长满了葱郁苍翠的树木。虽然住宅的正

门面对马路，但屋子很深，马路上车辆的喧闹声几乎完全听不到。

屋后是一大片花园，主人在园中种满了三彩紫罗兰、天竺葵、康乃馨等花草，屋里时常花香四溢。每天清晨，那些身着鲜丽衣裳的意大利女孩就会来采花，拿到市场上去卖。她们常常在那些意大利少女活泼的笑语及歌声中醒来，真有点像置身于意大利的田园村落里。

住在库利兹街的岁月里，她们结识了几位哈勃特大学的学生和年轻的讲师，大家相处甚欢，成为了很好的朋友。其中一位菲利浦·史密斯先生后来成了华盛顿国立地质调查所阿拉斯加分部的主任，他的太太是海伦最好的同学之一——蕾诺亚。蕾诺亚对海伦非常友好，每当沙莉文老师身体不适时，她就替沙莉文老师帮助她做功课，带她去教室。

约翰·梅西先生也是当时的成员之一，曾经是海伦生活上、精神上的支柱，他后来与沙莉文老师结婚了。年轻人充满了活力与朝气，常常一口气走了十来里的乡村小路，丝毫不觉得累。有时候骑着三个车座的自行车出游，一骑就是40里，玩到尽兴才肯回家。那真是个无忧无虑的年龄！做什么都开心，玩什么都高兴。在年轻人的眼里，大自然的一切都是如此美妙，照在树梢上温暖的秋阳、成群结队南飞的候鸟、为了雨季储藏食物正忙忙碌碌搬运胡桃的松鼠、从苹果树上掉下来的熟透果实、河边草地上粉红色的小花，以及碧绿的河水……一切的一切都是如此赏心悦目，令人陶醉。

天气清凉的冬夜里，她们租着有篷的马车四处遛达；或者去山上滑雪橇；或者在野外疯狂地玩耍；或者静静地坐在

咖啡馆里喝着香浓的咖啡；或者来上一顿可口的夜宵，快乐得像神仙似的。

冬夜漫漫，有时她们也会连续几天夜里围在熊熊的炉火前，喝可乐、吃爆米花，高谈阔论，探讨社会、文学或哲学上的种种问题。无论谈起什么问题，我们总喜欢追根究底。

一群年轻人开始懂得独立思考，并且有强烈的正义感，看不惯社会上邪恶的势力、黑暗的一面，在爱好和平、热爱人类这一点上，大家保持完全的一致。但是，纯粹的讨论多半于事无补，解决不了根本问题，仅仅构建乌托邦的理想是没有意义的。但是又没有人敢于提出不同的意见，那些较冲动的激进分子正想找"叛徒"决斗呢。

◎决斗：是欧洲旧时的一种习俗，骑士文化的一种延伸。两人争执各不退让时，约定时间、地点，请证人到场，然后用武器决定最后胜负，并且生死自负。俄国著名诗人普希金便是死于决斗。

青春的光辉是如此灿烂，令人不敢逼视，那种天不怕地不怕的冲劲真叫人羡慕。有一次，海伦她们徒步走到一个很远的地方，3月的风是如此强劲，把海伦的帽子吹掉了。还有一次，大概是4月份，她们也是徒步出门，路上忽然下起了瓢泼大雨，几个人只好挤在一件小小的雨衣里。到了5月，大伙儿相携到野外去采草莓，空气里飘荡着草莓的芳香。

毕业典礼

在这些偷快的日子里，4年的大学生活稍纵即逝，转眼到了1904年6月，终于要迎接毕业典礼了。当时的报纸曾报道过毕业典礼与沙莉文老师，其中有一家报纸登载了这样一条消息："这一天，毕业典礼的礼堂里挤得水泄不通。当然，每位在场的毕业生都将接受毕业证书，但来宾们的目光焦点却集中在一位学生身上，她就是美丽的、成绩优异却眼盲的海伦·凯勒。长久以来，不辞辛劳协助这位少女的沙莉文老师也分享了她的荣誉。当司仪念到海伦·凯勒的名字时，全场响起了雷鸣般的掌声。这位少女不仅以优异的成绩学完了大学的所有课程，而且在英国文学这门课上的表现更是杰出，因此博得了师长、同学的交相赞誉。"

沙莉文老师十分高兴海伦能够在英国文学这一科上得到高分，这完全要归功于沙莉文老师。可是除了这两点事实外，报纸上的其他报道都是一派胡言。当天的来宾并不像记者所说的那么多，事实上，专程来参加海伦的毕业典礼的朋友仅五六位而已。最遗憾的是，母亲因为生病不能出席典礼。校长只是做了例行演讲而已，并未特别提到海伦与沙莉文老师。不仅如此，其他的老师们也没有特别过来与海伦打招呼。另外，在海伦上台领毕业证书时，并未出现如报上所说"雷鸣般的掌声"。总之，毕业典礼并没有像报纸上形容得那样盛大空前。

有些同学还为沙莉文老师抱不平，一边脱下学士服一

海伦·凯勒

HAI LUN KAI LE

边愤愤地说："真是太草率了，应该也颁学位给沙莉文老师才对。"

无论如何，海伦顺利地从哈佛大学德克利夫学院毕业，取得了宝贵的文学学士学位。海伦捧着这张来之不易的羊皮纸毕业证书，沉默了很久以后，才说："这证书，属于我和沙莉文老师的。"

业余生活

海伦虽然喜欢读书，可以说是嗜（shì）书如命，可如果你因此认为海伦是个书呆子，以为她除了看书就什么也不知道，那你可就大错特错了。

海伦性格十分活泼，爱好也很广泛。

海伦喜欢大自然，这是她与生俱来的爱好。现在，即使学习繁忙，海伦每天也要抽出一点时间到田野里散步。

有时，海伦会和沙老师坐上那种双座自行车到处转悠。

每逢下雨的天气，海伦就和别的女孩子一样，做编织和钩花的活儿。

有一位朋友送给海伦一副很别致的跳子棋。这副棋是专供盲人使用的。这副棋用来区别对方棋子的标志不只是颜色，还有形状：黑子是平的，略小一点，白子是圆拱形的，略大一些；每个棋子的中央都有一只小孔，中间装着一个小铜纽扣，这样就可以区别出王棋和普通棋子来；棋盘是刻出格子的木板。

海伦经常和朋友们下棋。下棋的时候，海伦只要轻轻摸一下棋盘，就能知道对方是怎么走的。

海伦对艺术品情有独钟。她经常到博物馆里去参观或者去艺术品商店，挑选她喜欢的作品。

海伦和沙老师到波士顿博物馆参观。她站在梯子上，双手抚摸着各种雕像。触觉印象传达到海伦的脑子里，在海伦的脑海里，就形成了雕像的形象。

海伦摸到一具浮雕，内容是几个姑娘在翩翩起舞。

"既然有人在跳舞，那么就一定有唱歌的啰？"海伦这么想着，就问沙老师："唱歌的人在哪里!"

沙老师帮助她把手放在歌唱者的位置上，海伦用手欣赏她们歌唱时的动作，忽然，她惊讶地大声说："哎呀，有一个哑然无声咧。"

沙莉文老师仔细一看，原来，歌唱者当中有一个人是双唇紧闭的。这可是浮雕制作者的一大疏忽。海伦非常喜爱雕塑作品。可怜的姑娘，如果她有视力或有听力的话，她是完全可以成为艺术家的。看看她是多么喜爱雕塑就知道了。

海伦能够通过触摸，感受到冷冰冰的大理石雕像的姿态、情绪和美感。她的心，常常随着雕像的线条而起伏。

海伦在小书房里挂了一座盲诗人荷马的雕像。雕像挂得很低，这样，海伦就能够天天摸到它。每次抚摸这座雕像时，海伦都怀着爱戴和崇敬的心情。

诗人的脸是英俊的、略带忧愁的、饱经忧患的。当海伦抚摸它双眼的时候，她总是想："这也是一双看不到光明的眼睛，可它的主人却为人类创造了多么惊人的

财富啊。"

海伦会情不自禁地背诵起这位伟大诗人对黑暗的描写：

> 啊，黑暗，烈日中天时的黑暗，
> 永远不能恢复的、黑暗的，
> 没有一线白天希望的日全食！

荷马，这个伟大的古代诗人，摸索着从一个营地走到另一个营地，崎岖的路使他跌倒了一次又一次，可他就那样不屈不挠地前进着，一边走，一边吟唱着动人心弦的《伊利亚特》或《奥德赛》，诗中那美丽的故事激起人们对英雄的憧憬和敬佩。那时，又有多少人关注过这位看不到光明的行吟诗人呢？海伦不免感喟起来。

有的时候，海伦会想："如果荷马有一双能看见光明的眼睛，他还能吟出这么美丽的诗行吗？"

海伦酷爱艺术，可艺术家必须具备的视力和听力她都不具备，这对海伦而言，是一个多么大的遗憾。海伦常常还这样憧（chōng）憬：她有了三天的视力。这时，她要做什么呢？海伦自己说：

"我的指头曾在古罗马和后世的生动的大理石雕像上流连。我曾抚摸过米开朗基罗的动人的英雄摩西的石膏像。我曾触摸到罗丹作品的气魄；我曾经对歌德的木雕所表现的虔诚肃然起敬。我能懂得这些能触摸到的艺术品，但是，它们本是用来看，而不是用来摸的。它们的美至今对我隐蔽着，我只能猜想。我能赞叹希腊花瓶的单纯的线条，但是它的形

象装饰我却无法感受。

"因此，在我有眼睛的第二天，我将通过观看人类的艺术去探索人类的灵魂。过去我凭触觉感受到的东西，现在我要用眼睛去看到了。更为绝妙的是整个绚丽的绘画世界——从带着平静的宗教献身精神的意大利原始绘画到具有狂热的想象的当代绘画，都将在我面前呈现出夺目的光彩。我要深入地观看拉斐尔、达·芬奇、提香、伦勃朗的画。我要饱览维隆尼斯的温暖的色调，研究厄尔·格勒柯的神奇，捕捉珂罗笔下大自然的新颖形象。啊，有眼睛的人们，在历代的艺术作品中，你们可以看到多么丰富的意义和美啊!

"我在艺术殿堂里短暂的巡礼中所能看到的不过是向你们开放的艺术世界的很小的一部分。我只能获得一个浮光掠影的印象。艺术家们告诉我，要想深入、真切地欣赏艺术，必须训练眼睛，要通过经验衡量线条、构图、形体和色彩的优劣。如果我有眼睛，我将多么乐于从事这种迷人的研究啊!然而，我却听说，在你们许多有眼睛的人眼中，艺术的世界却是一片没有被探索、照亮的混沌……"

当海伦触摸艺术品的时候，她就常常这样想。后来，海伦把她的想法写成了一篇优美的散文《假如给我三天光明》，它成为海伦的代表作品之一。

海伦总是尽量让生命的每一分钟都有快乐存在。

1901年夏天，海伦与沙老师一同到诺瓦斯科夏去，在哈利法克斯度过了大半个夏天。那是一个海湾。海伦喜欢海洋。

海洋给海伦带来了快乐。

有一天，西北海湾举行一次划船比赛。参赛者是由各条

军舰派出来的小艇。很多人都乘着帆船来观看比赛。海伦和沙老师也驾驶帆船来看。

海面上风平浪静。上百艘小帆船靠在海伦的旁边，轻轻地摆动着。这时海上的空气变得沉重起来。海伦和沙老师几乎同时喊起来：

"要起风暴了呀!"

她们的话音还没有落呢，狂风就席卷过来。海浪被风吹成一道道的高墙，发出愤怒的呼啸声，似乎要把他们的帆船吞没一样。

船长是个有丰富经验的人。他平静地命令大家降下主帆，拉紧绳索，和逆风搏斗。

小小的帆船被巨大的浪头高高抛起，又在风浪的怒吼声中骤然落下。海伦的心，随着小船的颠簸七上八下怦怦乱跳，双手颤抖不止。

沙莉文老师用手语告诉她："船长最善于驾驭这种情况了。如果你能看到他的眼睛，你就会明白。"

海伦的手不再颤抖。是呀，有丰富经验的船长在这里。

"既然我不能做什么，就欣赏一下和风浪搏击的乐趣吧。"

这么一想，海伦的心反而安静下来。那颠簸的帆船在船长的驾驭下，有惊无险地前进着。

浪花拍打着海伦的身体，狂风吹起她金色的头发。海伦觉得自己就像在海上诞生的维纳斯。不过，维纳斯诞生那天，海上的风浪一定没有这么大吧。船总算是到了码头。海伦他们又冷又饿，连走路的力气都没有了。

海伦靠在沙莉文小姐的肩上，陶醉在刚才搏击大海的乐

趣里。

海伦常常会想到："如果没有像贝尔先生这样好心人的帮助，我怎么会有今天的成绩。现在，我应该尽可能去帮助那些处在困境中的人们。这才是报答帮助过我的人们的最好方式。"

海伦决定利用假期去做社会调查，寻找那些需要帮助的人们。

她和沙莉文老师走访城市的贫民区。

贫民区里散发出难闻的味道，每走一步，几乎都要撞到一样东西。沙老师说，这里到处都是廉价的小屋，很多都是木板搭成的。许多面黄肌瘦的孩子正挤在小巷的两边向她们看呢。

海伦俯下身去，向他们伸出双手，她很想和他们聊一聊。可是，这些孩子却一溜烟地跑开了，就好像海伦要打他们似的。

她们来到一间破旧的小屋里。女主人蜷（quán）缩着身体为她倒上一杯白开水，她抱歉地说："只有这个啦。"

海伦用手摸着女主人干枯的头发，突出的肩胛骨和细细的手臂，她的心忍不住颤抖起来，这时她才知道：即使在美国这样一个号称平等、博爱的国家里，也有这么多衣不蔽体、等待救援的人们。

告别时，男主人和海伦握手，男主人手上厚厚的老茧硌得海伦的心久久不能平静。

"我将来要为贫苦的人们做事。"

海伦下了这样的决心。

虽然海伦已经在不少的报刊杂志上发表作品，可她的英语老师查尔斯·库珀兰德却对海伦的作文挖苦不已。他总能找出海伦英语作文的毛病，批评的口气也是十分严厉的。

好长一段时间，海伦几乎对自己的写作能力失去信心。

沙莉文老师告诉海伦："库珀兰德老师对别的同学挖苦得更厉害呢。我想，这是因为他本人过于严肃、对你要求太高的缘故。"

原来是这样。海伦放下心来，而且尽可能地改正库珀兰德老师给她指出来的缺点。

其实，库珀兰德老师对她的作文是很欣赏的。他只是想："如果我表扬她，她一定会骄傲起来。这样，会妨碍她取得进步哩。"

库珀兰德老师哪里知道，他这么严厉，几乎摧毁了海伦的自信!

库珀兰德老师认识《妇女之家》杂志社的编辑。他向编辑推荐海伦的作文："这可是一个罕见的文学天才哟。如果你们发表她的作文，一定会引起不小的轰动。当然，你们要付稿费给她，稿费可不能太低呀!"

库珀兰德老师和编辑分手时又叮嘱说："可不要说是我推荐的呀!"

库珀兰德老师要保持教师威严的形象呢。

有一天，海伦正在上课。一位男士走进来，笑着说：

"早安，沙莉文小姐。我叫威廉·亚历山大，是《妇女之家》杂志社的工作人员，我们的编辑博克先生派我来和海伦·凯勒小姐谈话。"

沙莉文老师以为又是访问，就说："凯勒小姐的功课很忙，她没有时间接受访问。"

威廉·亚历山大马上说："您误会了，沙莉文小姐。我们只想请凯勒小姐写一篇'我的生平'给我们杂志连载。"

原来如此。沙莉文老师觉得这是一个好机会。多少人想投稿都投不中，人家可是主动来约稿啊!

海伦却挺为难，虽然她一直有当作家的愿望，可现在的功课太紧了呀!她说："我恐怕没有时间写呢!大学的功课太忙了。"

亚历山大先生说："你不是在大学的作文课上已经写了大部分了吗? 我们就要这个。"

哎呀，原来是作文。

海伦很奇怪："你怎么会知道我的作文呢?"

亚历山大先生笑着说："这可是一个秘密。"

既然是发表写过的东西，那么只要略加整理就行了，不会过多地浪费她的时间，海伦想一想，就同意了。

亚历山大最后说："如果你愿意写的话，只需要把它们联成杂志文章的形式就成了。假如您愿意签我带来的合同的话，杂志社可以付给您3000元稿费。"

"3000元!"

海伦和沙莉文老师都大吃一惊。自从海伦16岁时，凯勒先生去世以来，海伦的家，已经一点点地中落了。她的身下，还有一个妹妹和弟弟，一家人都要靠爸爸留下来的一点积蓄生活。海伦还得负担沙莉文老师的费用，开销真是不小呢。

海伦已经是一个很懂事的姑娘，她一直在考虑减轻家里

的负担。

"像我这样一个又聋又盲的女子，能做点什么呢？"

海伦发现，可供她选择的生活范围，是那么小的！

现在，突然之间有了3000元。

这个消息像一枚炸弹一样，落在海伦面前。

3000元可以做很多事情呀！

于是，海伦就在沙莉文老师的指点下，在亚历山大先生带来的合同书上，签上了自己的名字。

这以后的很长一段时间，海伦都像是在梦中一样。她不停地问沙老师："老师，杂志社是不是因为同情我才付我这么多钱的？我的文章值得付这么高的报酬吗？"

沙莉文小姐坚定地说："海伦，你完全受得起这报酬。它们只是你这些年勤奋学习的一点回报罢了。"

海伦这才安下心来整理从前的作文。工作进行得很顺利，她很快就用打字机打出了第一部分。

博克先生看到稿件以后，非常满意，急忙让人登在《妇女之家》的杂志上。同时，他又派亚历山大催促海伦整理接下来的稿子。

"读者们都很着急地等着看下一期呢。"亚历山大告诉海伦。

一想到自己的作品被大家争着传阅，海伦的内心就激动起来。真不敢相信，作家梦就这么突然间实现了。

海伦的生活安排得非常紧。她一方面要学习，另一方面还要补充材料，写成连载文章，真是有点透不过气来了呢。

即使这样，《妇女之家》的催稿电报还是一封接一封地发过来：

"我们马上要发表下一章了。"

"第6页、第7页看起来不连贯，请立即把遗漏部分拍电报寄过来。"

虽然是两个人，海伦她们还是手忙脚乱!

朋友来看她，海伦也没时间招呼他，只管在打字机上辛苦地工作。

朋友看海伦这么辛苦，就提议说："我可以介绍一个人来帮助你做这方面的工作。"

海伦和沙老师如同遇到救星一般，忙问："是谁？"

"他是哈佛大学的一位讲师，叫约翰·麦西。这个人很有才华，常常自己写文章，他还是《妇女之家》杂志社的编辑呢!如果你们同意，我就把他请来。"

这可是求之不得的好事。

约翰·麦西来了。他是一个风度翩翩的青年，也很热心。听说了海伦她们面临的困境，就毫不犹豫地赶过来了。

麦西先生让海伦把她的笔记、回忆和写过的小品文编成连贯的文章，交给杂志社。这样，她就不必动笔从头写起了。海伦犹豫着说："这样能行吗？"

麦西却很有信心，说："相信我，这一定能行。"

看到麦西这样稳操胜券的镇静态度，海伦和沙莉文老师也高兴起来。他们就一起整理海伦以前的稿件。

显然，麦西是个编辑能手。他一声不响地在那儿分类、选择，偶尔会通过沙莉文老师向海伦提几个问题。

3个小时之后，文章就完成了。

海伦和沙莉文老师感激得不知如何是好。

麦西却说:"如果沙莉文老师肯教我手语字母,让我直接和海伦·凯勒小姐交谈的话,我们的速度会更快哩。"

麦西先生第二次来时,沙莉文老师就把手语字母教给他。

因为障碍越来越少,所以,他们的稿子也越赶越快。稿子需要连缀的地方,都由麦西先生提笔代劳。

麦西先生文笔优美,他加上去的文字,和海伦的融在一起,还真辨不出是哪个人的手笔呢!

终于连载完毕,海伦和沙莉文老师、麦西先生都透了一口气。因为长时期的合作,他们三个人现在已经是非常要好的朋友了。

这小小的房间里,因为多了一个人的欢笑,变得热闹了起来。

虽然他们一直很忙碌——海伦和沙莉文老师要听课、复习、预习,麦西先生要讲课、备课。通常,他们只有晚上的时间在一起工作,可因为麦西先生的善于调节,他们竟然不觉得辛苦。现在,工作结束了,他们这才觉得真是很累呀!

还没等他们从疲劳中恢复过来,世纪出版公司又来约稿。他们要把这些连载故事印成书出版。幸好暑假到了,海伦就用一个暑假的时间,把全书重写了一遍。

出版商又提出新要求,他说:"凯勒小姐,你的故事虽然很好,能鼓舞人心,可作为您的自传,还不能反映您的全部生活。希望您再补充一部分。"

新学期已经开始,海伦哪里有更多的时间来写故事呢?

麦西先生温和地说："剩下的部分，由我来完成吧。"

海伦高兴万分。

1903年3月21日，海伦的书以《我的生涯》为名，公开出版。这本书非常畅销，被译成各种文字。

很多人都从海伦的故事里受到鼓舞，找到前进的力量。只有23岁的海伦，已经成为一个享誉全球的作家。

第六章

兰荪时光

沙莉文和麦西

　　因为长时期在一起工作，沙莉文小姐和麦西先生产生了微妙的感情：他们恋爱了。

　　当沙莉文把这个好消息告诉海伦的时候，海伦真诚地祝福老师找到了幸福。麦西先生真是个难得的好人呐！

　　可是，接下来的海伦马上就难过起来：

　　"沙莉文老师结婚后，就要离开我过另外的生活了。"

　　离开沙莉文老师，海伦真不知自己该怎么办。她们共同生活了这么多年，两颗生命已经紧紧地连结在一起了。

　　海伦沉浸在离别的悲痛里。

　　沙莉文老师也舍不得海伦。她和麦西商量："我们结婚以后也不要离开海伦，她需要我们的帮助。"

　　麦西先生毫不犹豫地同意了。结婚，总是要有一栋房子的。可是哪里来的钱买房子呀？

　　海伦她们每天都在为此发愁。

　　这时，很多名流已经读过了海伦奋斗的故事。现在听说她需要帮助，就纷纷伸出援助之手。大企业家约翰·斯波尔丁先生送给海伦一些股票。

　　海伦就用这些股票在离波士顿26英里的兰荪（sūn）买了一栋房子。

　　这虽然是一栋农家小院，但非常舒适。房子附近，有景色幽静的树林、清澈的湖泊，另外，还有7亩空地，海伦他们打算把它开辟成农场或花园。海伦和沙莉文老师又把房

子略加改造。原有的两个餐厅和一个制酪场，被改成一个房间，作为海伦的书房。

书房很宽敞，放满了海伦的盲文书籍和各种美丽的雕塑。沙莉文小姐把最好的房间收拾给海伦做卧室。卧室外面是长长的阳台。海伦可以经常在阳台上接受阳光的照耀。

房子是海伦刚刚毕业时买下来的。

海伦毕业一年以后，当5月的鲜花盛开在兰荪的时候，在一个风和日丽的好日子，沙莉文小姐让贺金斯太太把她打扮成漂亮的新娘，和麦西先生举行了简单而又热闹的婚礼。

◎西方国家的婚礼以前多在教堂举行，这与他们的宗教信仰有关，现在会在家里举行，但也有神父主持。在婚礼上，多是男右女左，这是抢婚时代留下来的习俗，新郎在新娘右边，一旦情敌出现就可以立即拔出佩剑击退敌人。

在婚礼上，海伦真诚地为他们祝福。

婚后的沙莉文和麦西同海伦一起住在兰荪的房子里。

麦西和沙莉文都是海伦工作上的好伙伴。海伦非常信服麦西，如果麦西对她的工作表示赞扬时，海伦就十分高兴，好几天都容光焕发。

麦西读到好的书籍，就会首先把它们介绍给海伦，一笔一画地在海伦手上拼写。遇到海伦用得上的文章，麦西就干脆把它们译成布莱叶盲文。

麦西工作很认真，他对海伦说话，遣词造句就像写小说一样认真。

在生活上，麦西夫妇也对海伦照顾得无微不至。

麦西为了让海伦能够在他和沙莉文不在的时候自由自在地散步，就买了长长的铁丝。他把铁丝从屋子里一直连到树林，足足有四分之一英里长。

海伦毕业以后，稿子越来越多，她一个人真是忙不过来。沙莉文老师眼睛又非常不好，不能帮她打字。

麦西就一整夜没有睡觉，听海伦口授，他负责打字，一个晚上居然打了40页稿子。稿子如期地寄到出版社，他们却疲乏得不能动弹。

海伦写的长诗《石墙之歌》和《我所生活的世界》在沙莉文和麦西的帮助下，相继问世。

海伦在她的书里描写她经历的各种故事，这些故事记载了海伦的成长历程，里面有她的痛苦、彷徨、欢乐、幸福。

很多读者都被海伦顽强的毅力和广博的学识所打动。

也有唱反调的人，他们说："一个正常的女孩都不可能经历、了解这么多世事。像凯勒小姐这样一个又聋又盲的女孩，怎么会知道这么多！"

沙莉文和麦西最了解海伦，他们写文章为海伦解释。

1906年，26岁的海伦被邀请出任马萨诸塞州盲人委员会主席。

这是一份福利性质的工作。海伦要为全州的盲人解决各种疑难。

于是，各年龄段的盲人都来向她求助。她的家门口挤满了求助的人。

有时，健康的人也来找海伦倾诉烦恼。

海伦、沙莉文和麦西忙得不可开交。

麦西说："海伦·凯勒已经变成一个慈善机构，而不是一个人了。"

虽然很忙，但海伦觉得很充实、很幸福。

爱心

海伦一向很喜欢动物。猫呀、狗呀之类的动物，几乎从来没有离开过海伦的身边。

这些动物，因为各种原因，都没能陪伴海伦到兰荪来。

搬到兰荪来以后，她准备养一些动物。

有一天早上，海伦在读《波士顿读者之声》时，发现一条消息：

一位波士顿妇女养了一条丹麦种大狗，名叫尼姆洛德。现在，这位女士要出国，却不能带她的爱犬同行。如果有人真的喜欢狗，并且了解这种动物，能给它提供一个安适的家，此女士愿以75元的低价出让。

海伦读着读着，忍不住哭了起来。

"这条狗竟然这样被迫与爱它的主人分离！如果没有人来买它，它岂不是要流落街头吗？"

海伦这么想着，就给那位妇女写了一封信。在信里，海伦表示愿意收养这条狗。为了让这位女士放心，海伦还谈了好多关于兰荪的房舍情况。

那位女士来信表示同意出让。

领狗的事就由麦西去做。海伦一直站在门口迎接。麦西

回来的时候，脸色很不好。可惜海伦看不见。她伸手去摸这只叫尼姆洛德的大狗，并轻轻叫它的名字。

手摸到尼姆洛德，海伦吓了一跳，说："哎呀，我从没见过这么大的狗呢。"

麦西不高兴地说："我看它倒像一头年轻的大象。"

原来，这只狗被它的原主人惯得不成样子，淘气得很。麦西先生带它回来的路上，吃尽了苦头。麦西很怀疑那位女士是否真的要出国。

打开门，大家一齐进屋去。

还没等海伦她们进到屋子里，大狗尼姆洛德就一溜烟冲了进去，先是打翻了一张桌子和桌子上的灯。接着，它又窜到餐室，撞倒餐桌，还打翻了麦西先生晚饭的饭碗。杯盘被它弄得满地都是。

大家对这条大狗的野蛮都非常吃惊。

最后，还是麦西先生不怕危险，把它捉住，关到了仓房里面。

麦西主张立即把大狗退掉。

海伦和沙莉文不肯。她们说："也许是因为初来乍到，尼姆洛德不习惯罢了。过几天就会好的。"麦西无可奈何。

第二天傍晚，三个人一同带尼姆洛德去田野里散心。

大狗尼姆洛德并不肯乖乖地跟在后面，而是倔强地在啃一块石头。

"狗居然吃石头，这可没见过。也许是生病了吧！"海伦这样想。

于是，他们又带大狗去看兽医。兽医检查之后，告诉他

们："这条狗，不但没有牙齿，而且视力也非常差。最好每天让它睡大觉。"

海伦他们非常惊讶，就听了兽医的话，由兽医来处理它。

麦西因此非常痛恨《读者之声》，因为它总是登一些骗人的广告。他告诉沙莉文："不能再让海伦看这份报纸了，说不定她还会受骗。"

沙莉文说："不会吧，也许大狗的事只是一个例外。"

海伦和沙莉文就继续看《读者之声》。海伦又发现一条广告，上面说：有一匹马准备出卖。这马勇敢无畏、精神饱满，可供女士乘骑或驾驭。

海伦很动心，他们正好需要一匹马来骑。麦西很犹豫，他害怕上了广告的当。

海伦和沙莉文安慰他："我们不会总是那么不幸的。"

他们付足了钱。卖马的人说："我会叫一个男孩把马骑到兰荪去。"

他们想："这主人想得真是周到。三个人和一匹马，可怎么回去呢？"

他们三个坐车回家，马由一个男孩子骑到兰荪。那个男孩把马交给他们的时候说这马叫"白足"，但他没说自己被马摔下来3次。

白足真是一匹好马，白白的蹄子，仰起头来还挺神气。

他们都高兴买了一匹好马。

海伦和沙莉文希望能坐上马车去兜风。

第二天，麦西就把白足套上一辆轻便的马车。马车还没有驶出房前的车道，白足就倔强地留在原地，不肯前进。

麦西下车来检查白足，这时，一辆汽车从旁边驶过，白足"腾"地跳起来，还没等麦西省过神来，白足就拉着马车冲过草地，奔上大道。

马在大道上横冲直撞，吓得行人纷纷躲藏。麦西在后面，又哪里追赶得上！马车撞在一根石柱上，被撞得稀烂。白足从马车上挣脱出来，跑得无影无踪。

麦西花了两天的时间才找到白足。他们一同带白足来看兽医，兽医说："这是一匹疯马。"从此以后，海伦她们便不再看广告了。

在大学读书期间，因为走访了贫民区，海伦决心要帮助那些生活困难的人们。

她写信给贝尔先生，表达了自己的这个愿望。

贝尔先生非常鼓励她的这个想法。他建议说："不是每一个盲人都像你一样接受了很好的教育。因为缺乏教育经验或者是人们对于盲人认识不够，很多盲人失去了受教育的机会，他们的生活更加痛苦。在这方面，你是成功的人。如果你能把你个人的经验介绍给公众，这会对盲人教育起到很大的推动作用。就会有很多盲人，因为你的原因，获得知识，获得新的生活。"

海伦觉得这是个很好的建议。

1907年，海伦参加了"波士顿妇女工商联盟"。他们成立了保护盲人特别委员会，海伦负责这方面的工作。

海伦写了大量的文章，推动舆论界来关心盲人。

海伦觉得，让大家关心盲人只是一个治标不治本的事情。难道就不能防患于未然，从根本上杜绝盲人的存在吗？

海伦开始思索："为什么有的孩子一出生就会失明？"

带着这样的问题，海伦和沙莉文老师来到纽约的一位著名的医学博士的家。

医学博士弄清她们的来意之后，非常热情地招呼他们。他把自己的研究成果拿出来，说："大约有三分之二的盲人是因为出生时眼睛受到了病菌的感染。"

海伦大惑不解："是什么样的病菌？可以预防吗？"

医学博士说："之所以产生这样的病菌，是因为这些盲人的父母做了不光彩的事，染上了不能告人的病。"

海伦明白了问道："如果年轻的父母检点自己的行为，注意卫生，是不是盲童的出生率就可以减少三分之二呢？"

"正是这样。"

海伦兴奋地说："这可是一个很伟大的发现。如果把这样的文章登出来让人们阅读，世界上就不会有很多的盲童出现了。"

医生博士愤慨地说："事情并不是这么容易。我的文章曾经投给几家报纸、杂志，可他们都不肯登载。"

就连其他的医生也不肯接受这个事实。

海伦和沙莉文老师商量："我们一定要向社会呼吁这件事。《明星报》是此地比较有影响的报纸，如果能在上面开辟一个讨论盲童问题的版面，一定会引起舆论界的注意。"

1907年5月，海伦和沙莉文老师走进了《明星报》社。《明星报》社的总编辑尼尔逊先生接待了她们。

海伦说："您能否在贵报开辟一定的版面，来探讨一下盲童的问题。"

尼尔逊先生连连摆手，说："我们的版面十分有限，盲童只占人口极小的比例。开辟读者群这么小的版面，会让我们的读者群不高兴的。"

海伦说："盲童的产生，和盲童父母的行为有很大关系。如果年轻的父母想生育健康的孩子，很有必要读一读这方面的文章。"

海伦把那位医学博士的医学报告拿给尼尔逊先生看。

尼尔逊先生一看，便迟疑起来，说："如果这样的文章登出来，许多盲童的父母就会来信指责我们毁谤他们哩！"

海伦丝毫不肯退步，她说："你们办报纸，为的是让公众从中受益。难道会因为逃避指责而继续让许多孩子一出世就丧失光明吗？"

尼尔逊先生哑口无言。终于，他同意让海伦试一试。

海伦调查了大量的盲童家庭，证实了那位医学博士的结论是非常正确的。

海伦和沙莉文老师熬了几个晚上，终于写出一篇通俗易懂的科普文章，告诉公众："年轻的父母如果想要健康的宝宝，那么，就请检点自己的行为。而且，婴儿一出生时就应该做眼睛的消毒，这一点应该写在法律上，要有明文规定。"

尼尔逊总编看到这么雄辩的文章，大为惊讶。他对海伦的执著精神非常敬佩，就把文章刊登在明星报的第一版上。

海伦的文章在社会上引起强烈的反响。其他的报纸、杂志这才敢刊登类似的文章。因为海伦的文章，《明星报》的影响更大了，销售量也猛增起来。

尼尔逊总编很为自己的私心惭愧，他请求海伦多为他们

的报纸写文章。

海伦一方面给各大报纸、杂志写文章，呼吁人们注意盲人问题；另一方面，为了让盲人有更丰富的精神生活，她还和别人办起了《盲人世界》、《盲人杂志》，为的是给盲人提供知识和信息。海伦现在成了一个大忙人，沙莉文老师也忙得不亦乐乎。

麦西离去

因为过度的劳累，一向身体就不好的沙莉文老师又病倒了。她需要到医院去做一次大手术，麦西陪着她去了。

老师临走时，只是软软地握了握海伦的手。海伦知道，老师的病一定很重，因为她连再见两个字都拼不出来了。

这次大手术，几乎用光了海伦她们所有的积蓄。而麦西一个人的收入，不足以维持他们三个人的生活。

有人建议海伦去为盲人做演讲。一方面可以为盲人谋福利；一方面也可以获得一部分收入。海伦决定去演讲。

她们最先来到新泽西州蒙特克拉尔的讲台上。起初，海伦站在讲台上，急得一句话也说不出来。事先准备好的演讲词也不知跑到哪里去了。

总算发出声音了。海伦觉得那声音大极了，就像什么东西爆炸了一样，震得她的脑子晕晕地。

海伦的话仍然需要沙莉文老师翻译。因为，她虽然学会了说话，可是发音很不标准，不是经常和她接触的人，根本

听不懂她的话。

沙莉文老师是个经验丰富的人，口才也很好，她很顺利地用自己的话来表达海伦的意思。

演讲结束。走下讲台的海伦因为自己的失败，哭得像个泪人一样。

可是听众仍然很欢迎她，他们真心真意地安慰她说："你的演讲很好，我们很感兴趣，只是声音小了一点。"

海伦这才知道，她感觉到像爆炸的声音，听众们听起来，就像耳语一样。

海伦不好意思地破涕为笑。

海伦得到听众的鼓励，对演讲有了信心，她决定克服一切困难做好演讲，以报答听众的热心。

在演讲中，海伦告诉人们，她是如何受教育，如何写作的，她很耐心地回答盲人的问题。海伦每说一句话，都要由沙莉文老师用标准的英语重复一次。

这对大病初愈的沙莉文老师来说，是十分劳累的工作。

终于有一天，沙莉文老师倒在了巴斯旅馆的床上，她全身发着高烧，不能讲话。

海伦奔下楼去，请人帮忙找来医生。

几天以后，服务员送她们坐上回波士顿的列车。海伦让沙莉文老师安心养病，工作由她和麦西来做。可是好强的沙莉文老师并不肯总是卧在床上，身体稍稍恢复一点，她就又和海伦四处演讲了，留下她的丈夫麦西一个人在波士顿。

共同的生活，使海伦对沙莉文和麦西有了深厚的感情。她希望他们三个人能够永远在一起，为更多的人排忧解难。

可并不是每个人都能长期适应这种生活。麦西也不例外，在这样的生活里，几乎没有了私人的空间，沙莉文又经常生病，即使不生病，也要外出，工作的压力是如此巨大。麦西觉得在这样的工作中会迷失自己。

1914年，麦西先生离开了兰苏，离开了海伦和沙莉文。

海伦很伤心，也很理解麦西，她说："他有很多理由离开我们。"

沙莉文老师失去了丈夫，这对她打击很大。她的视力也越来越差，几乎什么也看不见了。

海伦和沙莉文度过了最痛苦的一年。

她们决定在报上征聘一位秘书。

新秘书很快就找到了。她叫波列·汤姆逊，是个充满生气的年轻姑娘。汤姆逊小姐是个很实际也很有能力的人。她能很好地平衡收支，安排一天的工作、礼貌地接待客人。而且，她很快学会了手语，汤姆逊小姐的到来，就像一阵清风，刮进了海伦的家。

可是波列小姐只能分担沙莉文老师肩上的安排日常生活的重担，至于在讲台上帮助海伦翻译的工作，还得由沙莉文老师自己承担。

沙莉文老师的身体一向不好。现在，她的身上又添了许多病痛。有的时候，一阵风都能把她吹倒。

这个时候再让沙莉文老师承担工作，准会要了她的命。大家都很清楚这一点，海伦和汤姆逊小姐让她安心休养。

婚姻的不幸，再加上生活的劳累，使沙莉文老师变得十分衰弱。通常是养好了这样的病，便又犯了那样的病，疾病

总是缠着她。

虽然她在安心静养，可肋下还是疼痛不已：她患上了严重的肋膜炎。

汤姆逊小姐也只在此工作了两年。因为工作很辛苦，而且，她的母亲从苏格兰来信请求她回去。

汤姆逊小姐提出要回苏格兰探亲。

没有办法，海伦只好托人再为她寻找一位秘书。

新秘书是一位新闻记者，虽然是初来乍到，可是干起工作来，却是井井有条。海伦和沙莉文对他非常满意。

这个记者也很喜欢这份工作。对他而言，海伦就像是一个神秘的宝藏，头脑里有无数的奇思妙想。他觉得，海伦虽然又聋又盲，可她身上的朝气和活力，比正常的人要多许多。

在他的眼里，海伦是一位美丽的女神，他愿意为她做这些繁琐的工作。

因此，虽然能干的汤姆逊小姐不在身边，海伦也觉得很舒适。唯一让她担心的，是沙莉文老师的病愈来愈重了。沙莉文老师现在需要专门的人来照顾。就在此时，汤姆逊小姐赶回来了。

海伦真是高兴，她们的生活又恢复了常态。汤姆逊小姐很能干，她一边帮助海伦处理日常工作；一边还能抽出时间照看沙莉文。

虽然那个新闻记者的工作也很让海伦满意，可海伦考虑很久之后，还是辞退了他。海伦她们太穷了。

三个人的生活目前全靠海伦从前写书得到的稿费存款来

支撑。存款的数目本来就不大，现在又一天天地在减少，这怎么不让她担心呢。

当海伦开口告诉那个新闻记者说"你不必再来"的时候，她觉得心里难受极了。

新闻记者握了握海伦的手，就离开了。海伦觉得心里好像失掉了什么东西一样。

恋爱风波

沙莉文老师的健康状况真是越来越坏。肋膜炎还没好，现在又添了咳嗽的毛病。海伦摸着老师一天天消瘦的肩膀，觉得心都要碎了。

海伦和汤姆逊小姐带沙莉文老师去看医生。医生仔细检查以后，悄悄对海伦和汤姆逊小姐说："沙莉文小姐恐怕是得了肺结核。"

"什么，肺结核？"

汤姆逊小姐惊叫起来。肺结核在当时是一种很可怕的病，几乎是没有特效药物可以治愈它。海伦难过得哭起来。

海伦一个晚上都没有睡好。她一直在想："沙莉文老师为了我，付出了巨大的精力和心血。如果不是因为我，她怎么会得这样的病呢？"

第二天早上起来，海伦就和汤姆逊小姐商量让沙莉文老师去疗养。她告诉汤姆逊小姐："明天，你就陪沙莉文老师去平静湖村疗养。那里风景优美，对病体的恢复有好处。而

且，有你的精心照顾，沙老师一定可以很快痊愈的。"

"可是，您没有人照顾怎么行啊？"

"沙莉文老师的身体更重要，治不好她的病，我一辈子都不会安心。而且，我的朋友会来照顾我的。"

海伦安慰汤姆逊小姐。

沙莉文老师和汤姆逊小姐要走了，海伦陪着她们走上了汽车。

汽车开动了，沙莉文老师的眼里涌出泪水来。她告诉海伦："好好照顾自己。"

海伦握着沙莉文老师的手，不敢哭出来。

送走沙莉文老师，海伦一个人回到孤零零的家。她心里非常难过，觉得像被世界抛弃了一样。她很想找一个人和她讲话，可是没有人。是呀，能有几个人听得懂海伦的话呢？

第二天，海伦就忍不住写信给沙莉文老师：我不知道我是怎么忍受住与你分别的。当我们向汽车走去的时候，我突然感到非常孤独，而且，还有一种莫名其妙的恐惧。现在，这种孤独和恐惧还在我的心里。

海伦每天待在书房里，用打字机打那厚厚的稿子。也只有在这个时候，海伦才摆脱了孤独。

可写稿子总有写累的时候。

有一天，海伦正在书房里忧伤地怀念往事，书房的门被推开了。海伦有一种奇妙的感觉，她向进来的人伸出双手。

进来的人是海伦从前的秘书，那个新闻记者。他握着海伦的手，看着她憔悴的样子，好久没有说话。

新闻记者的到来，就像一股春天的风，给海伦孤独的心

161

灵里吹进花朵、吹进细雨，也吹进许多春天的故事。

他们每天到树林里去散步，读书，谈心。

有一天，这个新闻记者对海伦说："海伦小姐，你是那么勇敢、那么温柔、那么善良，我喜欢你，请接受我的求婚吧。"他以平静温柔的态度向海伦倾吐对她的关怀，海伦当然深感意外，但随即被他的真诚所感动。他表示：如果他们结了婚，他将随时伴着海伦，为她阅读，为她搜集写作资料。总之，原先沙莉文老师为她做的一切他都可以做到。

海伦非常惊讶，心里也感到幸福，她怎么也想不到，像她这样的人，居然也能找到爱情。

海伦想起了很多年前，伯尔医生曾经对她说过："海伦，你要记住，你的心灵是健全的。你的智慧和勇敢足可以弥补你的缺陷。所以，你完全可以过正常人的生活。如果有一天，有一位青年来开启你的心扉时，你不要迟疑，以为自己身患残疾就拒绝他。你虽然双目失明、两耳失聪，但这些都不是遗传来的，因此，它们也不会传给后代。你完全可以拥有一个完整的家庭。"

现在，有人来叩启她的心扉了，海伦就答应了。

海伦快乐极了，觉得生活里又充满了阳光。

她静静领会了对方这一份爱意后，心中不禁升起一股莫名的喜悦，几乎无法自持地发抖。她从内心里已经打算要把这件事对老师和母亲公开，可是他却阻止海伦说："我认为现在还不是时候。"

停顿了一会，他又说道："你知道，沙莉文老师目前正在生病，而你的母亲又不了解我，如果这样贸然地就去告诉

她们，可以想象得到，一定会遭到反对。我看我们还是慢慢来，以后再找机会对她们说吧。"

此后，他俩共同度过了一段相当美好的时光，有时并肩在森林里散步；有时则静坐书房。

这时，一些小报的记者也闻讯赶来采访，他们在报纸上发布消息，说海伦要和一个新闻记者结婚了。

一天早晨，海伦正坐在房间里梳妆打扮，她要用最好的

形象来迎接生活里的每一天。

房门打开，妈妈闯进来："海伦，现在几乎所有的报纸都在谣传你要和那个记者结婚。你得阻止他们，这样下去，会惹人笑话的。像你这样一个又聋又盲的人，是不适合过家庭生活的！我想你不会这么糊涂，竟然真的想和他结婚？"

海伦真是没有想到，一直爱她、疼她的妈妈对她的婚姻居然是这样的想法。"也许妈妈的话是对的，谁会娶我这样一个累赘（zhuì）呢？"海伦痛苦地摇着头。

妈妈以为海伦否认了想和那个人结婚的说法，就不再追问下去。

当那个新闻记者再一次来到海伦的家，要同海伦一起出去散步的时候。海伦的妈妈挡在门口，对他说："请不要败坏我女儿的名誉。我的女儿告诉我，她根本不喜欢你，也不想和你结婚。从此以后，你不必再来这里！"

新闻记者如同五雷轰顶一般，呆了好半天，才难过地走开了。

海伦虽然不知道发生了什么事，但生活中没有了新闻记者，却让她难过伤心了很久很久。海伦把生活中的这一页内容埋在心底，埋得很深很深。

有了妈妈的陪伴，海伦在兰荪的生活又渐渐地好起来。

离开兰荪

1916年12月，对海伦来讲，是个好日子，沙莉文老师回到了兰荪的家。虽然她的病还没有痊愈，可脸色却比离开此地的时候好了许多。

可是好景不长。海伦因为残疾的缘故，不能有稳定的工作。从前靠演讲和写书而赚来的存款，因为坐吃山空，一天天地少起来。

没有办法，为了节省开支，海伦只好把住了12年的兰荪老屋卖掉，然后租住比较便宜的房子。

当真要离开一个居住多年的环境时，那份依依之情真是令人心酸！室内的一桌一椅忽然都变得分外可爱，充满了感情。尤其是那张她常常在上面写作的书桌以及书橱，还有她

经常伫立的面对庭园的大落地窗、樱花树下的安乐椅等，更是让海伦难舍。她常常一个人悄悄地走出房间，沿着当初麦西给她拉起的铁丝，到房前的林子里散步

弯弯的林间小路，海伦已经走了13年，这时，她已经是非常熟悉了。林子里飘过来清幽的花香，让海伦既陶醉又感伤。这一切，将再也见不到了。卖屋那天，海伦忍不住哭了。这古屋是她居住时间最长的地方。她对它已经有了深厚的感情。然而，离别的时刻一旦来临，也只有洒泪挥别，而把它们装在记忆中最值得怀念的一角了。

海伦尝到了离别的痛苦。很长一段时间，她都不能从这痛苦中摆脱出来。

她们在纽约市郊佛拉斯特丘陵区买下一栋更便宜的小屋，取名为"沼泽之城"。海伦、沙莉文老师、汤姆逊小姐居住在这里。

她们带着感伤与无奈离开这幢住了13年之久的屋子，心中唯一感到安慰的是，虽然不住在此地，但这幢可爱的屋子仍将对另一家人发挥它的用途。

后来，这房子成为波士顿的约丹·马许百货公司的女职员宿舍。虽然房子已经易主，但对于它，海伦仍然怀有一份主人的关爱。因为，那儿有她太多值得回味的往事，它代表了她生命中最精华的10年，有笑有泪，更重要的是充满了生命的活力。

第七章

伟大女性

◆ 麦西与沙莉文辞世
◆ 走访他国
◆ 与名人的交往
◆ 献身盲人事业

麦西与沙莉文辞世

1922年，海伦和沙莉文老师都投入了美国盲人基金会的工作。虽然工作清苦，可她们认为这值得。生活刚刚走上正轨，便又有不幸的消息传来：沙莉文老师接到一封电报，说麦西过世了。

这对沙莉文老师是个不小的打击。虽然她和麦西已经离婚，可她对麦西的感情还是很深厚。沙莉文老师经受不住这个打击，又一次病倒了。

这一次，沙莉文老师病得很重。

麦西去世，海伦也非常伤心。她想起麦西曾经那么认真地帮助她修改文章，处理生活上的杂事。虽然他让沙莉文老师痛苦，但他们也在一起度过了几年快乐的时光。

海伦不想增添沙老师的痛苦，就常常装作欢乐的样子，给沙老师念优美的故事，陪她去散步。

最初，沙莉文老师还常常被她的故事感动。天气好的时候，也和海伦出去在阳光下站一会儿。渐渐地，沙老师就只能躺在床上了。再后来，沙莉文老师就听不见海伦的声音了。

沙莉文老师已经陷入昏迷。

1936年10月26日，沙莉文老师离开了海伦。

任凭海伦怎么摇动沙莉文老师的手，沙莉文老师都不再动了。

海伦的心很痛很痛，她很想叫一声"老师"，可是喉咙里却好像塞满了东西一样，叫不出声音来。

海伦捧着沙莉文老师的骨灰，把它安置在华盛顿国家教堂里，海伦在老师的墓前久久不肯离去，她在心里一遍又一遍地说：

"沙老师，你的一生充满了不幸和病痛，可你却以极大的勇气战胜了它们，使你的人生充满阳光。而且，你还打开了一个聋盲女孩心灵的窗户，使她看到了光明。老师，海伦永远永远怀念你。"

一滴晶莹的泪珠，从海伦的眼角滑落。

海伦在日记里这样写道：极度的悲伤就像是无边无际的——永恒的黑夜。海伦每天都沉浸在失去老师的痛苦之中。

✳ 走访他国 ✳

汤姆逊小姐看到海伦这样痛苦，心里非常焦急。她给在苏格兰做牧师的哥哥写信说："沙莉文老师的去世给凯勒小姐以沉痛的打击，她现在每天都陷在痛苦的思念中不能自拔。这样下去，凯勒小姐的身体会垮掉的。我们都非常担心，这样下去可不行呀。请哥哥帮我想想办法，让凯勒小姐从痛苦中摆脱出来吧。"

不久，汤姆逊牧师来信，他邀请海伦和汤姆逊小姐到他家做客。

海伦和汤姆逊小姐坐船来到苏格兰。大海，一直是海伦喜爱的。海上旅行，减轻了海伦的痛苦。

汤姆逊牧师的家更是一个好地方。为了让海伦忘记悲

伤，汤姆逊牧师一家做了精心的准备。

海伦她们刚刚走到牧师家的门前，汤姆逊牧师的长子大卫就打开大门，其他的两个儿子罗伯特和约翰冲出门来，热情地迎接海伦。

握着罗伯特和约翰的小手，海伦痛苦的心感到非常温暖。

屋子里，早就点燃了熊熊的炉火，摆好了热茶和精美的点心。汤姆逊牧师、汤姆逊太太、一大群邻居笑吟（yín）吟地站在桌边迎接海伦。

他们紧紧地拥抱她，向她伸出同情、爱抚的手。

海伦请汤姆逊小姐帮她翻译几句话："我一定要摆脱悲伤，好好地活下去。为了回报你们的关心，我也要健康地生活下去。生活中还有许多工作等着我去做。"

所有的人都对海伦的话报以热烈的掌声。

海伦在苏格兰度过了一个多月的快乐时光。

汤姆逊牧师给海伦和汤姆逊小姐安排在一间很雅致的房间里。早晨，冬日的阳光透过窗户，洒在床头，海伦就会坐在书桌前写作、阅读。罗伯特和约翰就像哨兵一样站在门口，等着海伦吩咐他们做事。

工作累了，海伦就到院子里走一走。罗伯特和约翰就抢先走在海伦前面，把路上的石子、树枝捡走，免得它们绊倒海伦。

如果附近发生了什么有趣的事情，他们就跑到海伦身边，把事情讲给她听。

海伦脸上的笑容多起来。在孤独的时候，海伦还会想起

沙莉文老师，这时，她好像听见沙莉文老师对她说：

"海伦，为了这些关心你、爱护你的人，要好好地活下去。"

海伦终于从痛苦中走出来。

因为汤姆逊一家的关心和照顾，使海伦变得快乐起来。在苏格兰，海伦度过了一个愉快的圣诞节。

新年过后，汤姆逊牧师交给她一封信和一份电报，电报是日本政府拍过来的：

"日本政府邀请海伦·Ａ·凯勒小姐访问日本。"信是美国盲人基金委员会主席米格尔先生写来的：

> 我们收到日本政府发给您的电报，现在随信转寄给您。这是日本政府和全体国民对您发出的盛情邀请，他们都期待着您的访问，请您考虑接受这份邀请吧。

汤姆逊小姐也说："海伦小姐，去年访问过您的日本人岩村武雄先生不是也邀请您去日本吗？您是很尊敬岩村武雄先生的，说他为日本盲人奋斗多年。回绝他真是太不应该了。"

海伦微笑着说："我并不是拒绝去日本，只是因为去年身体和心情都不好，所以不肯在那时访问。现在，我已经好起来，当然要接受邀请了。"

汤姆逊小姐看到海伦终于从失去老师的悲伤中振作起来，高兴得一边唱歌一边收拾行李，准备回美国的一切事情。

最不高兴的要数罗伯特和约翰了。这一个多月以来，他

们已经和海伦建立了深厚的友谊。

海伦阿姨的肚子里有数不清的故事，他们再也不能在晚饭后听她讲各种奇异的事情了。罗伯特和约翰眼泪汪汪地把他们精心准备的小礼物送给海伦，请求她一有空就来苏格兰看他们。

海伦紧紧地拥抱着他们，同意了他们的请求。

二月，海伦和汤姆逊小姐告别了汤姆逊牧师一家，回到了自己的国家。

热情好客的日本友人，受了国人的委托，早早地就来到纽约城的大中心站迎接她。

海伦从火车上下来，很远就闻到迷人的栀子花香，那花香越来越浓。汤姆逊小姐告诉她，日本友人已经站在她面前了。

日本友人客气地向她鞠躬，并致辞说："这是我们日本人最喜爱的栀子花，现在，我代表日本天皇和日本人民，把它献给您，并郑重邀请您到我国访问。"

海伦接过香气四溢的美丽的花束，那里面，饱含着远方的那座海岛上无数人的盛情啊。

她们来到日本。

岩村武雄先生、日本政府的重要官员、盲人学校代表、聋人学校代表都等候在那里，迎接海伦的到来。

每一个人都和海伦握手，表达他们对这位伟大女性的热烈问候。

汤姆逊小姐把日本人迎接的盛况告诉给海伦。然后又说："海伦小姐，能够与您同行，真是我的荣耀。"

海伦到日本来可不是为了观光。她还有许多重要的事情要做。

因为海伦是个聋盲人教育家，她本身又是聋盲人，她对聋盲人的教育问题，可以说是最内行了。

日本的残疾人机构召开了大型的会议，会议探讨教育残疾儿童的问题。日本很多残疾儿童教育家和残疾儿童的父母都赶来参加会议。她们都很虚心地来向海伦学习。

在会上，海伦生动地把自己童年时代从无知到有知的艰难历程讲出来，尤其是沙莉文老师的努力和艰辛。海伦告诫盲聋儿童的家长："在孩子的眼睛、耳朵的机能还没有完全丧失之前，要尽快把他送到附近的聋哑学校去，否则这样的孩子日后是不会愿意学习的。"

海伦又亲切地告诉那些聋盲人："我们的身体虽然有残疾，不能看，不能听，生活在黑暗或沉寂里，可我们还可以像常人一样记忆、想象，凭着这些，再加上我们的努力，我们就可以了解外界、接触外界，和别人一样，获得知识、获得友谊，过上属于我们自己的快乐生活……"

听众们对海伦的话报以热烈的掌声。

日本友人还为海伦举办了一个记者招待会。很多日本记者都闻讯赶来，他们心里对这样一个传奇女性充满好奇！

记者们围绕着海伦的一生提出各种各样的问题，海伦都尽可能给他们解答。

海伦来到日本的消息经日本记者热情洋溢的报道之后，传遍了日本各地。各地的各种团体、协会都来请海伦到他们那里去做客。

日本政府官员说这些活动都得排在后面，目前，天皇和皇后陛下准备会见海伦·A·凯勒小姐。

天皇和皇后会见海伦的场面既庄重又热情。巨大的皇宫里，天皇和皇后穿着华贵的日本和服，在众多侍从们的簇（cù）拥下，来到海伦面前。

海伦摸着皇后的脸，脑海里出现的是一张清秀美丽的东方女子的脸。好客的微笑始终浮现在皇后的脸上。

会见天皇、皇后之后，日本友人又陪海伦四处参观。因为他们知道，海伦喜欢美丽的风景。

日本给海伦留下了许多美好的记忆。带着这些美好的回忆，海伦告别了欢送她的日本友人，踏上了回国的航程。

与名人的交往

海伦·凯勒的事迹传遍世界，各地的人们都关心着她。

1912年的冬天，《青鸟》一书的作者梅多林克夫人到海伦的住地连杉来，她的态度和善，个性活泼，两人一见如故，非常投缘。她回到法国后还寄卡片给海伦，在卡片上亲笔写着："为发现青鸟的少女祈求幸福。"

来连杉的名人还真不少，其中之一是诺贝尔文学奖得主——印度诗人泰戈尔。这位诗人长得非常高大，蓬松的头发呈灰色，几乎与脸上的落腮胡子分不清楚，令海伦想起《圣经》上所记载的先知们。海伦很喜欢《泰戈尔诗集》，看了不少他的作品，深深地感觉出他对人们的那份爱心

她向泰戈尔倾诉自己的尊崇与仰慕，泰戈尔说："我很高兴你能在我的作品中看到我对人类的爱，你知道吗？这个世界正在等待的，就是出现一位爱世人甚于爱自己的人哪！"

泰戈尔谈到时局时忧心忡忡，他以哀伤的口吻提到印度、中国以及世界上一些强国的局势："欧洲各国强迫中国人吸鸦片，如果他们拒绝的话，国土就有被瓜分的危险。在这种情况下，亚洲民族怎能不重整军备以求自保呢？英国就像一只秃鹰，已经把战火带到了太平洋沿岸，在那儿建立许多军事基地。亚洲各国中，日本已经能够自己站立了，可是，中国大概要等到城门被攻破，盗贼闯进家门时才会惊醒……请记住，一个太爱自己的人，往往就是灭亡自己的人，能解救世人的，大概只有神的爱了。"

海伦还拜访过发明大王、企业界巨头爱迪生。在她前往新泽西州演讲时，爱迪生热情地邀她去家里做客。爱迪生给人的第一个印象相当严肃。他的夫人告诉海伦，爱迪生先生常把自己关在实验室内通宵工作，当他实验进行到一半时，最讨厌人家去打扰，甚至连吃饭都可以省了。

爱迪生要海伦把手放在唱机上，然后热切地问她听懂没有，可惜海伦实在听不懂。为了不使爱迪生失望，海伦试着把当时头上戴着的草帽靠近唱机，使声音在草帽上更集中，但仍然无法了解。

一起进餐时，爱迪生先生对她说："你听不见任何声音也有好处，至少比较容易集中心思，不受外界的干扰，像这样活在自己的世界里，不是很好吗？"

海伦回答他："如果我是一位像你这样了不起的发明

家，我希望能够发明一种使聋人得到听力的机器。"

海伦在美国国内演讲时，还见过汽车大王福特。

福特先生亲自引领她到工厂里去参观，并且以谦和的态度向她讲述自己成功的经历："开始时，我的动机是要生产一种连农夫都可以买得起的汽车，几经研究试验，我对汽车就越来越内行了……其实，有好构想的人何其多，只是大多数人不知道如何去活用，因此有也等于没有了。"

在参观过福特的汽车工厂以后，海伦不禁有一个感想："如果把这个世界视为像福特工厂一般来管理，是否会更有效率呢？那时，是不是每个人都可以缩短工作时间，却拿到更高的报酬呢？"

"如果人们一天中只须工作几个小时，则衣食住行都不匮（kuì）乏，还能有四五个小时的自由时间岂不是很好吗？"海伦觉得自己的想法是个难以实现的梦想。其实在今天，人们的工作时间已经大大缩短，八小时工作制、双休日已经实现，工人的福利也大幅提高了。

在那次拜见福特10年之后，福特在一次盲人大会中捐了一大笔钱，他说他的工厂里雇用了73位盲人，他之所以雇用他们，并非为了怜悯，而是因为他们在工作上表现得相当优异。海伦听到这个消息时，有一种说不出的高兴。

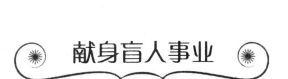

献身盲人事业

　　1945年，第二次世界大战结束。战争所带给人们的，不仅是田园的荒芜，还有身体和心灵上的创伤。很多人在战争中失去了双眼，战争使更多的人们生活在不幸之中。

　　欧洲各国是二战的主要战场，那里受灾的情况最严重。海伦收到无数的从欧洲各国寄来的求援信件。求援者们多数是盲人，他们同海伦陈述他们无依无靠的生活状况。

　　海伦决定访问欧洲各国，调查那里盲人们的生活状况。

　　来到欧洲，海伦发现，战争使欧洲经济极为萧条，不仅是盲人，还有许多在战争中受伤的军人也都生活艰苦。而当时的人们，忙着复兴其他的事业，这些残疾的人便被人们忽略了。

　　海伦每天穿梭于不同的城市，发表演说、访问政府，为这些病弱的人们呼吁，希望各界人士关注他们，对他们展开救济。

　　1956年，海伦收到来自波金斯盲童学校的一封信：尊敬的海伦·A·凯勒小姐，六十多年以前，沙莉文老师和您相继毕业于本校，您们为盲人事业做出的巨大贡献也使波金斯盲校在众多的盲校中熠熠生辉。为表达对您的敬意，我们修筑了一幢宿舍，命名为"凯勒——麦西宿舍"，敬请您于11月份参加宿舍的竣工揭幕仪式。

　　海伦捧着邀请函，激动得长时间说不出话来。"要是沙莉文老师还活着，这对她该是多么大的安慰呀！"带着对

老师的思念，海伦重返波金斯盲校。

学校的许多地方都改变了。可是60年前的那个地球仪却还立在原来的地方。海伦触摸着地球仪，告诉汤姆逊："这是沙莉文老师第一次带我来波金斯盲校时教给我的第一样东西。"

许多人都被邀请来参加揭幕仪式。

在校园新建的入口处，校长发表了简短的演说词之后，就请海伦为新建宿舍揭幕。

海伦的手触摸着，摸到了一根绳子。她知道，只要她拉动一下，幕布就会落下来。

海伦握着绳子，心里默默地说："沙莉文老师，我是代表您来此地揭幕的。"

海伦拉了一下绳子，幕布落下来了。一块崭新的匾额显露出来。

匾额上有几个凸起的字：凯勒——麦西宿舍

纪念海伦·凯勒和安妮·沙莉文、麦西在揭幕仪式上，海伦宣读了对新建筑物的献词：

> "我们有三个目的：第一，教育聋盲男女儿童；第二，培养教育聋盲儿童的教师；第三，探讨教育聋盲青年的方法。"

大家对海伦的话报以热烈的掌声。

因为海伦对盲人事业的杰出贡献，联合国决定于1959年在联合国大厦举行仪式，表彰海伦对人类的杰出贡献。

各国代表都应邀参加，并且一一作了发言。他们盛赞海伦对人类的贡献，推崇她无私的爱心，向她传达各国人民对

她的敬意。

还有更让海伦高兴的事呢。

为了庆祝她80岁的生日，联合国又募捐了125万美元，创立了"海伦·凯勒国际奖"，并组成了"海伦·凯勒80岁纪念财团"。

"海伦·凯勒国际奖"将每年颁发一次，发给那些为盲哑教育做出卓越贡献的人。而"纪念财团"的主要宗旨在于救济那些落后国家的盲人。

在海伦80岁生日这一天，世界上很多地方都为海伦举办了盛大的庆祝仪式。纽约的华克纳市长公开宣称：以后每年的6月27日都将作为"海伦·凯勒纪念日"而被人们永远记住。

许多人都以为，已经过了80岁的生日的海伦，该躺在家里享享清福了。

可事实并非如此。海伦每天起床以后，除了散步、吃饭，大部分时间都坐在书房里工作。而且，每个月至少要到纽约的盲人协会去一次。

许多亲友都劝她休养身体，可海伦却说："不，一直到死为止，我都要不停地工作。这是上帝赋予我的任务，也是沙莉文老师对我的期望。"

就这样，海伦一直工作到1967年。这一年，海伦永远地放下了工作，停止了她奋斗的一生。

1880年　6月27日　出生在美国亚拉巴马州塔斯喀姆比亚。

1882年　1月　因患猩红热致盲致聋。

1887年　3月　安妮·沙莉文·梅西成为凯勒的老师。

1899年　6月　考入哈佛大学拉雷德克利夫女子学院。

1902—1903年　撰写出版《我的一生》（有的译作《我生活的故事》）。

1904年　6月　以优等成绩大学毕业。

1908—1913年　著《我的天地》（又译作《我生活中的世界》）、《石墙之歌》、《冲出黑暗》。

1916年　遭受恋爱不幸。

1919年　应邀去好莱坞主演电影。

1924年　成为美国盲人基金会的主要领导人。

1929年　著《我的后半生》（也译作《中流——我以后的生活》）。

1930年　旅游英国。

1931—1933年　荣获坦普尔大学荣誉学位。访问法国、南斯拉夫、英国。

1936年　10月26日　老师安妮·沙莉文去世。

1942—1952年　出访欧、亚、非、澳各大洲十三国。

1953年　美国上映凯勒生活和工作的记录片《不可征服的人》。

1955年　著《老师：安妮·沙莉文·麦西》荣获哈佛大学荣誉学位。

1959年　联合国发起"海伦·凯勒"世界运动。

1960年　美国海外盲人基金会颁布"海伦·凯勒"奖金。

1964年　荣获总统自由勋章。

1967年　6月1日　与世长辞。

海伦凯勒 生平大事年表